Il été tiré de cet ouvrage

20 exemplaires numérotés, sur Hollande, à 25 francs

———

EN TRIPOLITAINE

EDMOND BERNET

Chargé de Missions Scientifiques

EN TRIPOLITAINE

VOYAGE A GHADAMÈS

SUIVI

des Mémoires du Maréchal IBRAHIM-PACHA, ancien-gouverneur

SUR SON ŒUVRE EN TRIPOLITAINE AVANT LA GUERRE

Préface de M. DUPARC

Professeur à l'Université de Genève.

AVEC ILLUSTRATIONS ET CARTE

PARIS

FONTEMOING ET Cⁱᵉ, ÉDITEUR

4, RUE LE GOFF, 4

1912

PRÉFACE

*Le livre que M. le docteur Bernet présente au pu-
blic a un double mérite, celui d'arriver à son heure, et
d'avoir été écrit par un homme de science qui, en véritable observateur, a su voir dans le pays qu'il a traversé
autre chose que les faits qui se rattachent à la spécia-
lité qu'il professe. Les événements tragiques dont la
Tripolitaine est en ce moment le théâtre attirent en effet
l'attention générale sur cette contrée, qui, dit-on, fut si
fertile dans l'antiquité, et sur laquelle nous avons pré-
sentement si peu de données précises. Rares en effet sont
les voyageurs qui l'ont parcourue et surtout qui l'ont
étudiée, et s'il en est qui la représentent comme un désert aride et inhospitalier, d'autres lui attribuent des
richesses incalculables qui, à leurs yeux, justifient les
convoitises qu'elle a fait naître.*

*M. le docteur Bernet a, dans une récente mission
scientifique, traversé la Tripolitaine sur toute sa longueur. Accompagné de quelques gendarmes turcs, ses
fidèles compagnons chargés de veiller à sa sécurité qui
d'ailleurs, nous dit-il, ne courut pas grand risque, il est
arrivé jusqu'à Ghadamès, la ville sainte perdue au*

milieu des sables du désert. Après un séjour dans cette curieuse cité, il est rentré à Tripoli en changeant d'itinéraire et en passant un peu à l'est de son premier trajet.

Malgré les privations et les difficultés inhérentes à un pareil voyage, la petite caravane n'a pas brûlé les étapes; bravant la soif et l'ardeur d'un soleil torride, l'auteur s'est arrêté partout où il trouvait des observations intéressantes à recueillir; il n'a pas seulement noté les particularités géographiques et géologiques du pays, mais il a pris la peine d'étudier aussi ses habitants, leurs usages et leurs coutumes. Chemin faisant, M. Bernet a soigneusement relevé son itinéraire, ce qui lui a permis de nous donner une carte excellente de la région qu'il a traversée, puis à titre documentaire il a pris un nombre considérable de clichés photographiques dont quelques-uns ont déjà été reproduits dans l'Illustration.

Partout où il a été en contact avec les populations, l'auteur s'est attaché à en comprendre le caractère et les aspirations; abandonnant souvent son escorte et accompagné seulement de son interprète, il a su gagner la confiance des gens avec lesquels il a été en contact, et dans des conversations familières il a pu se faire une idée exacte de la situation politique et économique de la Tripolitaine, des relations qui existent entre Turcs conquérants et Arabes conquis, et enfin du rôle administratif joué par le gouvernement ottoman dans l'organisation du pays.

M. Bernet était, comme on le voit, on ne peut mieux documenté pour écrire un ouvrage sur la Tripolitaine. La lecture attentive de son manuscrit m'a convaincu que cette affirmation n'a rien d'exagéré, et c'est avec un intérêt toujours soutenu que j'ai suivi le vaillant explorateur dans ses pérégrinations. Écrit d'une façon vive et alerte qui n'est point toujours exempte de malice, son livre contient, en dehors de la description du pays et des gens, une partie anecdotique fort intéressante, puis une foule d'appréciations aussi nouvelles qu'originales qui, émanant d'un homme dépourvu de toute idée préconçue mais jugeant par ce qu'il a vu et entendu, ont dans les circonstances présentes une réelle valeur.

Tous ceux qui suivent de près les péripéties de la lutte engagée entre l'Italie et la Turquie, comme aussi tous ceux qui s'intéressent à la colonisation du continent noir par les Européens, voudront lire l'ouvrage de M. Bernet, et je souhaite à ce volume tout le succès qu'il mérite.

L. DUPARC,
Professeur à l'Université de Genève.

INTRODUCTION

Lorsque, le 8 août de cette année, je quittais Tripoli pour rentrer en France, je ne me doutais guère des nuages menaçants qui s'amoncelaient au-dessus de cette grande colonie turque ! Les événements se sont précipités avec une foudroyante rapidité et quelques semaines à peine après mon départ les forts et murailles de Tarabolos l'antique s'écroulaient sous les premiers coups de canons tirés par l'escadre italienne.

Chargé de mission scientifique dans l'intérieur de la Tripolitaine, j'ai accompli un voyage de plus de 1.5oo kilomètres pendant lequel j'eus l'occasion d'étudier sur place les mœurs des habitants et les institutions du pays. Il se dégage de l'examen de l'organisation coloniale du vilayet des données curieuses et imprévues qui acquièrent aujourd'hui un intérêt d'actualité, car, si la Tripolitaine est proche de l'Europe, peu d'auteurs ont décrit la configuration du pays et les mœurs de ses habitants.

Grâce à mon expédition récente, je puis donner sur une série de questions des renseignements précis qui viennent parfois mettre à néant les histoires fantaisistes que l'on s'est plu à inventer, dans un but politique évident. Je ne citerai ici que la question de l'esclavage, et une autre question, non moins intéressante, concernant les rapports qui existent entre les Turcs et les Berbères. Et je dois dire que dans ces deux cas, le gouvernement ottoman a joué un beau rôle, tout à fait contraire à celui que l'on peut imaginer après la lecture des articles qui ont paru sur la Tripolitaine, il y a quelques mois.

On a beaucoup parlé en particulier du traitement cruel que subissaient les Berbères sous le joug ottoman et des tableaux terribles ont été représentés dans le but d'accréditer cette idée. Il n'y a rien de vrai dans ces assertions et au contraire, les Turcs ont essayé de porter remède au peuple accablé par la famine et la misère. Dans tout le vilayet des milliers de rations étaient distribuées chaque jour à une population qui est reconnaissante des efforts faits pour elle. Elle le prouve aujourd'hui.

L'administration du vilayet est bien ordonnée et peut être comparée, sans désavantage, à celle de n'importe quelle colonie européenne. Du reste une bonne partie des hauts fonctionnaires de l'intérieur sont berbères et nommés par la population même.

Au point de vue des communications, la Tripolitaine possède un service postal régulier et des lignes télégraphiques nombreuses ; ces services fonctionnent normalement.

Quant à l'esclavage, il n'existe plus depuis de longues années et a été combattu avec la plus rigoureuse sévérité.

Ce qu'on a surtout reproché aux Turcs, c'est de

fermer le pays aux étrangers ; les événements actuels ont démontré la prudence d'une pareille mesure : ne pouvant pas fortifier le pays comme une autre nation l'aurait fait, et ceci pour des causes inhérentes à la situation de la Turquie actuelle, ils se sont contentés d'en empêcher l'entrée, évitant ainsi le contact des populations de l'intérieur avec l'étranger qui aurait facilement pu gagner une influence. Cette mesure prise et la guerre déclarée, les Turcs pouvaient avoir confiance dans la fidélité des populations de l'hinterland ; là encore le moyen radical choisi était le seul possible, le seul logique. Il était difficile aux Turcs de ne pas s'en servir.

Mon voyage qui avait pour but l'exploration de la Tripolitaine s'est accompli dans la plus parfaite sécurité. Nous avons parcouru le pays jusqu'à Ghadamès, la ville sainte du Désert. C'est le récit de ce voyage, qui jette un jour réel et nouveau sur la Tripolitaine, que j'entreprends aujourd'hui. Je crois ainsi acquitter ma dette de reconnaissance envers les Turcs qui m'ont reçu avec la cordialité la plus généreuse et dont j'ai pu apprécier non seulement les hautes qualités personnelles mais aussi l'œuvre bienfaisante entreprise en Tripolitaine.

Genève, décembre 1911.

CHAPITRE PREMIER

MALTE ET TRIPOLI

De Paris à Tripoli. — Malte. — La Valette. — Le port. — Population. — Manœuvres. — Tripoli. — L'arrivée. — Tripoli vu de la mer. — Débarquement mouvementé. — La douane. — Formalités. — Les hôtels. — Première impression. — Hôtel Minerva. — Les Souks. —. Place de la Tour de l'horloge. — Les cafés. — Cercle militaire. — Cinématographe. — Nouveaux quartiers. — Minoterie. — Village nègre. — Le vieux Tripoli. — Aventure nocturne. — Une soirée au théâtre grec. — Bars arabes. — Les étrangers à Tripoli. — Les consulats. — Le consul impérial d'Allemagne. — Visite au Valy. — Le maréchal Ibrahim Pacha. — Son œuvre et sa popularité. — Chez Ahmed Hamdi commandant de la Gendarmerie. — Propreté et sécurité de la ville. — La police indigène. — Achat de chameaux. — Au fondouk.

Pour se rendre de Paris à Tripoli, la voie la plus rapide est celle de l'Italie par le Simplon, Milan, Rome, Syracuse et Malte. On profite ainsi des services directs établis entre Londres et Malte qui relient ce dernier point stratégique, le plus important de la Méditerranée, à la Métropole anglaise. La traversée de Syracuse à Malte est souvent mauvaise par suite des vents violents qui soufflent surtout pendant l'hiver.

Je suis arrivé en vue de l'antique repaire des chevaliers de Rhodes par une belle nuit claire. La sensation que l'on éprouve en pénétrant dans ce port

étroit, dominé de tous côtés par de hautes forteresses, est celle de l'écrasement sous des forces
concentrées en un point par de puissants artifices.
Un effort colossal a été fait pour rendre ce rocher
inexpugnable et toute la science militaire actuelle a
été mise à contribution pour transformer l'île en
une forteresse imprenable.

Le port étroit et ramifié est dominé de tous côtés
par des rochers aux parois verticales où il est difficile de distinguer le naturel de l'artificiel, tant l'art
s'est plu à modifier les formes primitives du sol.

La ville principale, La Valette, domine la mer
d'une centaine de mètres et se compose de belles
maisons qui n'ont rien gardé du cachet antique; les
rues étroites et propres s'étendent du port au sommet
de la ville et beaucoup d'entre elles sont si rapides
qu'il a fallu les transformer en vastes escaliers pour
les rendre plus praticables.

Parmi la population, c'est l'élément militaire qui
domine à Malte. Les matelots et les marins sont
très nombreux; leurs uniformes aux éclatantes
couleurs donnent à l'animation de la rue un caractère gai et vif. La ville est coupée en deux par une
grande artère qui passe devant les deux bâtiments
principaux : la maison du gouvernement et le théâtre.
Dans cette rue la circulation est intense; les Mal-
taises aux costumes sombres et peu élégants de reli-
gieuses côtoient les officiers anglais, serrés dans
leurs tuniques rouge écarlate et coiffés de casques
blancs. Les Maltais paraissent être en minorité.
Beaucoup ont émigré sur les côtes d'Afrique et à
Tripoli en particulier nous en trouverons une colonie
importante.

Le port militaire de Malte est certainement l'une des plus grandes forteresses naturelles du monde. Les Anglais délaissent Gibraltar pour concentrer à Malte, qui par sa position commande à toute la Méditerranée, des forces navales imposantes. Lors de mon passage il y avait dans le port plusieurs croiseurs et la manœuvre de ces gros bateaux de guerre n'est pas une des moindres distractions dont jouit le voyageur désœuvré. J'ai assisté à des tirs de nuit, spectacles captivants et impressionnants par le grand nombre des bateaux y prenant part; la vision en est magnifique du haut des jardins suspendus qui, au-dessus du port, dominent la mer.

C'est par suite d'un contretemps, dont je me félicite du reste, que j'ai dû cet arrêt forcé à Malte. Le bateau de la Banque de Rome n'était point encore arrivé d'Alexandrie et j'ai dû séjourner à la Valette trois jours, pour attendre le paquebot de la Compagnie Nationale italienne, qui fait le service régulier de Malte à Tripoli. Cette traversée dure 22 heures environ.

Le 9 mars, à six heures du matin, j'arrivai au large de Tripoli. Surgissant de la brume, indécise de l'aurore, les minarets éclatants de blancheur s'éclairaient aux premiers rayons du soleil levant. La première fois que le voyageur est en présence d'une ville orientale, il est envahi par des sensations nouvelles. Il se dégage du blanc décor un charme, une douceur qui exercent une irrésistible séduction. Ce vieux port, au milieu duquel se balancent paisiblement d'antiques bateaux de pêche, produit sur l'esprit de l'occidental fébrile une détente bienfaisante. Le mystère qui émane de cette vaste côte plate excite la curiosité. C'est l'Orient, mais l'Orient d'Afrique avec tout son inconnu et le mystère de ses ténébreuses légendes.

Tripoli a été dans l'antiquité le théâtre des plus étonnantes transformations et son importance fut parfois considérable. C'est à Tripoli que l'Orient venait autrefois se fournir des produits de l'Afrique du nord et même du centre ; c'est là aussi que les grandes caravanes d'esclaves arrivaient, venant, par de longues marches, des lointaines régions du Niger. Dans l'antique emporium s'accumulaient les denrées précieuses de l'Afrique, qui de là étaient expédiées dans tous les pays du Levant.

Le port de Tripoli est ouvert à toutes les vagues, aussi mon débarquement fut mouvementé. Je pris place dans une minuscule embarcation, conduite par un seul rameur. La mer était démontée, les vagues entraient par gros paquets dans notre frêle nacelle. Par malheur un Turc avait pris place à mes côtés et, voyant le danger, apeuré, il invoque Allah avec un accent qui eût été comique sans le danger de la situation. Je n'étais guère rassuré mais n'eus pas le temps de me laisser aller à mes émotions, car je fus obligé d'aider le batelier à vider la barque qui s'emplissait continuellement. Enfin, après de longs et persévérants efforts nous atteignons le bâtiment de la douane. Un officier turc s'empare de mon passeport et d'une partie de mes bagages. Je ne pourrai les ravoir que par la voie consulaire. De pareils procédés peuvent sembler arbitraires et excessifs, mais si l'on pense aux intrigues que l'étranger entretient en Orient pour émietter ce vaste empire, on est bien obligé d'excuser la prudence dont la Turquie fait preuve. Son but est simplement de rendre impossible des complots tramés contre le gouvernement.

A Tripoli il existe plusieurs hôtels : Minerva, Transatlantique et Européen. Le plus ancien est l'hôtel Minerva où j'arrive quelques instants après mon débarquement. Plusieurs voyageurs en descendant à Tripoli ont été désillusionnés. Il est vrai qu'au premier abord, encore sous l'influence de la douce vision de la ville observée de la mer, l'agitation qui règne dans les rues, près de la douane vous étourdit. Mais lorsque cette première impression fugitive fait place à la réalité plus vraie, le sentiment que l'on éprouve est loin d'être une déception, bien au contraire, chaque pas, dans ces rues étroites, révèle un monde nouveau, coloré, curieux. Je m'en rendis compte déjà dans le court trajet qui conduit de la douane à l'hôtel Minerva, situé au centre de la ville, sur la rue principale. Cet hôtel est dû à l'initiative de l'Agence Cook qui anciennement l'a fondé pour procurer aux voyageurs de passage un gîte à Tripoli. Par bonheur je trouve encore une chambre libre, ce qui est un heureux hasard.

La maison est confortable. Une grande cour carrée en occupe le centre et les chambres donnent sur des balcons intérieurs. Cette disposition générale dans les maisons orientales offre pour l'été l'avantage d'une grande fraîcheur. Par contre en hiver les courants d'air sont fréquents à travers les portes et fenêtres qui ne ferment pas, aussi a-t-on à souffrir du froid. Mais « à Tripoli comme à Tripoli », disent philosophiquement ceux qui sont obligés d'y séjourner.

Tripoli a été souvent dépeinte par des voyageurs et on en trouve de très suggestives descriptions dans les géographies de Reclus et de Saint-Martin, descriptions qui datent d'un certain temps déjà, mais toujours exactes, car la ville a peu changé ; ce sont les rues qu'anime une foule bigarrée, les Souks et la place de l'Horloge qui captivent le plus le voyageur nouveau débarqué.

Traversons la ville et pénétrons dans les Souks. Le long d'une étroite rue, couverte de chaque côté, s'ouvrent de minuscules boutiques remplies d'articles les plus divers. Les juifs vendent les produits manufacturés d'Europe : savons, parfums, tabatières, étoffes aux couleurs criardes. Des marchands de comestibles offrent aux passants les denrées du pays, des dattes, des figues, des raisins. A côté, de nombreux cordonniers fabriquent des chaussures réputées pour l'excellente qualité de leurs cuirs. La plus grande partie des commerçants sont juifs, mais plusieurs bazars et magasins de chaussures sont tenus par des Italiens.

Dans les Souks l'animation est vive. Toute une population de Berbères en blancs burnous, d'Arabes en riches costumes brodés, de mendiants en haillons, de soldats et d'officiers vous coudoie et vous bouscule avec le plus étonnant sans-gêne. Il faut un certain temps au nouvel arrivé pour s'habituer à être traité si cavalièrement.

A l'extrémité des Souks se trouve la place de la Tour de l'Horloge. C'est là que l'on vient régler sa montre à l'heure turque, c'est-à-dire comptée à partir du lever du soleil. Ainsi lorsqu'il est midi à notre heure, il est six heures à l'horloge turque.

Des cafés entourent la place de l'Horloge et servent de rendez-vous aux Turcs et aux Arabes de la ville. Les petites tables et les chaises sont jetées en désordre autour de la place et les consommateurs toujours nombreux dégustent sans se presser les petites tasses de café ou de thé aromatisé, tout en fumant béatement le narghilé. Chacun peut venir là se restaurer sans grande dépense, car le prix de la consommation ne dépasse jamais un sou, que ce soit du café, du thé ou un narghilé ; mais malgré le bon marché des consommations, beaucoup de clients se contentent de s'asseoir sans rien prendre et regardent passer le monde.

Vers le soir la place s'anime. C'est l'heure où les Européens se rendent au cinématographe, la seule distraction offerte aux chrétiens de Tripoli. Il est situé près du cercle militaire, grand bâtiment moderne en dehors de l'ancienne ville. De la place de l'Horloge, il faut longer les murailles massives du château du Pacha, gouverneur de la colonie, pour atteindre l'emplacement d'une ancienne porte que l'on fermait jadis chaque soir, mais qui n'existe plus depuis plusieurs années. C'est là que se trouve le cercle militaire, rendez-vous des officiers, des Arabes riches, des commerçants européens qui viennent jouir d'un peu de fraîcheur sur la spacieuse terrasse au bord de la mer, décorée par les antiques statues romaines recueillies à Leptis. Chaque dimanche, une excellente musique militaire donne un concert fort goûté des Tripolitains et des étrangers.

A côté du cercle militaire se trouve le cinématographe. Pénétrons-y.

La foule bariolée qui emplit le vaste bâtiment

offre un pittoresque coup d'œil. Près de la toile, les Arabes et les nègres se pressent dans un désordre bruyant, tandis que le fond de la salle surélevé est occupé par le « Tout Tripoli » élégant. Comme le cinématographe est l'unique distraction offerte aux chrétiens de la ville, on y voit chaque soir les mêmes personnes qui viennent chercher là un re-mède à leur ennui.

Tripoli s'est beaucoup développé dans la direc-tion de l'Est, en dehors des remparts qui sont, du reste, en partie démolis. Il s'est formé un nouveau quartier dont les rues larges et rectilignes, bordées de maisons à grandes arcades, ont un cachet bien moderne. C'est à l'extrémité de cette partie nouvelle de la ville que s'élève une grande minoterie, cons-truite ces dernières années par une société italienne constituée par la Banco di Roma, qui a le monopole des affaires financières en Tripolitaine. Plus loin encore vers l'Est, c'est le village soudanais, recon-naissable à ses paillotes circulaires et à ses maisons de terre dans lesquelles se tapissent les nègres. Dans ce décor, à l'ombre des palmiers de l'oasis, ceux-ci peuvent se croire dans leur pays natal.

Mais rentrons dans le vieux Tripoli, de beaucoup le plus pittoresque. Les ruelles étroites où le soleil ne pénètre jamais, forment un véritable labyrinthe dans lequel il est impossible de s'y retrouver et de s'orienter la première fois. L'on peut cheminer longtemps dans ce dédale de ruelles sur lesquelles s'ouvrent de mystérieuses fenêtres grillées et les portes de nombreuses mosquées, hermétiquement closes pour les chrétiens.

Un soir, accompagné d'un ami, je résolus de me

rendre à un petit théâtre grec fréquenté par des
Arabes et des Turcs. Après le dîner, nous nous
dirigeons par des ruelles obscures vers l'endroit
où, d'après mes renseignements, devait se trouver
le théâtre. Je croyais y parvenir facilement.

Au fond d'une cour, une lumière nous attire.
Nous ne doutons pas un instant que ce ne soit là
l'entrée. Nous nous mêlons à la foule de burnous
qui nous enveloppe aussitôt. Résolument, nous
pénétrons dans la cour du sanctuaire. Mal nous en
prit, car nous sommes bousculés sans aucun ména-
gement par des Arabes braillards. Nous fendons les
groupes pour atteindre la porte, mais la foule indi-
gnée nous barre le passage. La situation devient
critique. Je propose à mon compagnon de nous
retirer, c'est la plus sage solution. En nous retournant, nous constatons avec effroi que la retraite est coupée ; La foule, grossie et amassée
dans la ruelle, profère des cris et des ricane-
ments qui ne sont pas d'un bon augure. Nous
sommes très perplexes sur les suites de cette
aventure, qui a l'air de mal tourner. A ce moment, je me sens saisi par le bras et je reconnais, à la vague lueur de la lanterne, un Turc à
son fez rouge. Il me fait signe de le suivre ; devant
lui, les groupes s'ouvrent et nous passons sans encombre. Je veux remercier celui qui vient de nous
tirer d'une si mauvaise situation mais, me retournant, je le cherche en vain des yeux, il avait disparu.

Le lendemain seulement, j'eus la clef du mystère.
Ce que nous avions pris pour le théâtre était une
mosquée. Nous l'avions échappé belle ! Que serait-il

advenu si, en insistant, nous avions pénétré dans le saint sanctuaire, qui perd son caractère sacré à la seule présence d'un chrétien !

Quelques instants plus tard, nous entrons dans le théâtre grec. Une salle allongée, fait face à une scène de petite dimension. Le rez-de-chaussée est occupé par des chaises réparties sans ordre. Des Arabes riches, en burnous brodés d'or et d'argent, se prélassent en fumant béatement le narghilé et en sirotant du café. La première galerie est creusée de loges minuscules, réservées aux personnes distinguées ; notre entrée fait sensation, car les spectateurs reconnaissent de suite des étrangers qui se hasardent rarement dans ce théâtre réservé aux Tripolitains. Les loges voisines de la nôtre s'emplissent peu à peu d'Arabes opulents et de Turcs ; je reconnais dans l'une d'elles le commandant de gendarmerie de Tripoli. Au-dessus de nous, une large galerie est envahie par une foule misérable de pauvres diables et de nègres. Quel ne fut pas mon étonnement de m'entendre interpeller de là-haut et de reconnaître un pauvre hère débraillé, auquel j'avais donné quelques paras un jour dans la rue et qui me faisait les signes de la plus vive amitié.

Le rideau se lève sur la première partie du spectacle ; la danse du ventre. Des jeunes filles au type juif fortement prononcé sont assises en ligne sur la scène avec des jeunes gens et chantent une litanie monotone et gutturale, en s'accompagnant du tambourin. Tour à tour, au son rythmé de la mélodie, elles exécutent des pas savants et des contorsions bizarres. Je me sens envahi par un sentiment de lassitude et de somnolence. L'atmosphère pénétrée des

fumées odorantes des narghilés, trouble peu à peu
mon esprit et il me semble, bercé par le rythme,
entrer dans un rêve délicieux. Les danseuses évoluent les unes après les autres. L'une d'elles surtout provoque, par d'étonnants et savants mouvements, l'admiration et les sifflets des spectateurs.
Le sifflet exprime ici, non pas le mécontentement,
mais la satisfaction. Il correspond à nos applaudis-
sements. Pendant les entr'actes, les danseuses
viennent dans la salle et les spectateurs les invitent
à prendre des consommations avec eux.

Après les danses, le rideau se lève sur un sujet
tout différent. C'est la représentation de la scène
de Jacob et de Rachel. Jacob, le célèbre patriarche,
est obligé de fuir chez son oncle Laban et il s'engage
à servir sept années pour avoir sa fille Rachel en
mariage. Mais au lieu de l'obtenir, Laban lui donne
Lia, l'aînée de ses filles. Jacob est obligé de servir
encore sept années pour gagner Rachel, la cadette.
C'est dans un décor antique, bien approprié à la
scène, que le digne patriarche, de sa voix profonde
et caverneuse, demande à Laban le prix de ses
efforts. Mais cet homme injuste se met dans une
colère terrible et de sa voix qui tonne, il répand
devant lui la terreur. Jacob doit fuir, mais il se
réconcilie bientôt avec Laban. La scène où Jacob
combat avec un ange est curieusement représentée.
C'est un joli spectacle que celui où l'Ange apparaît,
descendant du ciel, éclairé des plus brillantes couleurs. La violence des sentiments qui se dégage du
combat ressort avec une intensité qui donne le fris-
son. Ce qui ajoute encore du charme au jeu lent et
monotone des acteurs, ce sont leurs voix fortes et

solennelles dont les sons profonds et gutturaux
réussissent à exprimer une puissance dominatrice,
sous laquelle les plus fortes volontés doivent plier.
La monotonie et la longueur des scènes jouées par
des artistes dont les mouvements sont compassés et
lents à l'excès, donnent à la représentation la note
solennelle voulue.

Mon ignorance de l'arabe, me fit perdre beaucoup
de la pièce, mais je me félicitai d'avoir pu assister à cette soirée, car c'est bien là, dans ce petit
théâtre, que l'on peut saisir sur le vif le caractère
local si intéressant de Tripoli.

J'eus encore la bonne fortune un autre soir, dans
les Souks, d'assister aux danses dans des bars curieux, vastes salles voûtées, où l'on pénètre après
avoir traversé de longs passages tortueux. D'épaisses
draperies en ferment l'entrée, mais après avoir soulevé les lourds rideaux, on se trouve subitement
transporté au milieu du plus étrange des spectacles.
Des Arabes, engourdis par les parfums odorants qui
épaississent l'atmosphère de leurs lourdes fumées,
sont écroulés sur des divans, regardant béatement les
danseuses étranges qui, aux sons endiablés des tam-
bourins, évoluent sans arrêt. Mais c'est vêtu de burnous qu'il faut pénétrer dans ces repaires si curieux
du vieux Tripoli, car les chrétiens n'y sont pas tolérés.

La population de Tripoli se monte à près de
36.000 habitants. Toutes les races d'Afrique et
d'Europe y sont représentées, mais ce sont surtout
les Italiens, les Maltais et les Juifs qui sont les plus
nombreux en dehors des Turcs et de la population
berbère autochtone.

Les nations étrangères sont accréditées auprès du

gouvernement par des consulats généraux. Il y en a six : allemand, anglais, français, austro-hongrois, italien, américain. Les consuls de France, d'Angleterre et d'Italie habitent de confortables maisons dans la vieille ville. Les consulats d'Allemagne et d'Autriche-Hongrie sont situés en dehors des fortifications, dans les quartiers nouveaux.

En ma qualité de citoyen suisse, j'avais une lettre de recommandation pour le consul général d'Allemagne, le docteur Tilger. C'est un médecin distingué. Il a fait beaucoup de bien à Tripoli en soignant généreusement les misérables. Le consulat se trouve directement en arrière des fortifications, sur une route nouvellement construite qui conduit dans le sud. C'est un grand bâtiment quadrangulaire, à l'aspect élégant, ayant au centre un hall vitré. Deux cawas se tiennent en bas, correctement vêtus de gris, coiffés du fez surmonté des aigles impériales. Mis au courant de la mission que j'entreprenais dans l'intérieur du pays, le docteur Tilger me donna les plus excellents conseils, car il connaît à fond le pays qu'il habite depuis longtemps, et les habitants. Je fus très heureux de pouvoir profiter de son expérience approfondie des peuples orientaux.

Par suite d'un malencontreux retard, je dus attendre plusieurs semaines les lettres de recommandation qui m'étaient envoyées de Constantinople pour le gouverneur de Tripoli. Dès qu'elles furent parvenues, je me rendis avec le docteur Tilger auprès du Valy. Précédé du cawas, nous suivons la longue rampe qui conduit à l'antique château. Des soldats turcs, en uniformes neufs et de tenue impeccable, présentent les armes à notre passage. Le secrétaire du Valy vient à notre rencontre dans l'antichambre et nous pénétrons à sa suite dans la salle d'audience. C'est une vaste chambre, d'une austère simplicité, dont les murs sont percés de grandes fenêtres qui permettent aux regards de plonger sur Tripoli. J'aperçois les minarets et les blanches coupoles qui s'élèvent au-dessus de la ville tandis que dans le port, au pied même du château, la vieille canonnière aux emblèmes du croissant se balance paisiblement, doucement bercée par les vagues. Une atmosphère douce et tranquille se dégage de tout cet ensemble et on a de la peine à imaginer que ce calme cache, sous une apparence trompeuse, de sourds complots tramés dans l'ombre par les puissances qui agissent sans cesse contre le pouvoir ottoman.

A mon entrée, le maréchal Ibrahim Pacha se lève et me souhaite en termes aimables la bienvenue. Il m'offre un siège et un domestique m'apporte la traditionnelle tasse de café. Le Valy me présente lui-même une cigarette turque, ainsi le veut l'étiquette.

Ibrahim Pacha est une grande figure de notre époque, dont le souvenir restera attaché à la colonie turque. Il a accompli en Tripolitaine une œuvre considérable que je ferai apprécier à sa juste valeur dans la suite du récit (1). Militaire distingué, il a compris le danger que faisaient courir à la colonie les convoitises de l'Italie et il a essayé d'organiser en peu de temps la défense intérieure du pays.

(1) Voir les *Mémoires du maréchal Ibrahim Pacha* à la fin du volume (appendice).

Mais c'est aussi dans un autre ordre d'idées que son œuvre est vraiment digne d'admiration ; c'est dans le domaine de la charité qu'il s'est révélé un grand bienfaiteur. Par son initiative, il a sauvé de la misère et de la mort des milliers d'Arabes et d'indigènes qui mouraient de faim. C'est pour cette raison que sa popularité parmi le peuple est considérable. Partout, dans mon voyage, j'ai pu constater la vénération dont on l'entoure. Aussi, lors des derniers événements et avant la déclaration de guerre, son rappel à Constantinople sur les instances de l'Italie a été une erreur. C'est à ce moment que sa présence dans la colonie eût été nécessaire pour diriger la résistance du vilayet. Ibrahim Pacha, adoré de tous, était l'homme qu'il fallait dans cette situation critique. Puisse la Turquie n'avoir pas à regretter la mesure prise par son gouvernement !

Le consul d'Allemagne explique à Son Excellence le but de ma visite. Le Valy s'engage à m'aider le plus possible dans l'accomplissement de ma mission et il m'octroie quatre zaptiés et un chaouch pour m'escorter jusqu'à Ghadamès. Il me donne en outre d'utiles indications sur le pays que j'ai à traverser, et il prévient de son côté toutes les autorités de l'intérieur de se mettre à mon entière disposition pour m'aider dans mes recherches. Ibrahim Pacha souhaite un heureux succès à ma mission et me recommande encore de m'adresser à lui en cas de besoin. Je remercie chaleureusement Son Excellence de tant d'amabilité et nous nous retirons.

Quelques jours plus tard, je me rends chez Ahmed Hamdi, commandant de la gendarmerie, qui doit me

fournir les zaptiés de mon escorte. Il me reçoit avec
toute l'affabilité dont les hauts fonctionnaires turcs
ont le secret. Ancien professeur dans une institution supérieure, il s'exprime en bon français, et
regrette vivement de ne pouvoir m'accompagner en
personne dans mon exploration, mais surchargé de
travail par la réorganisation de la police du vilayet,
il ne peut quitter son poste. Il se donne une grande
peine à cette tâche difficile mais actuellement, grâce
aux efforts poursuivis depuis plusieurs années, la
police est admirablement faite à Tripoli. D'heure
en heure, des rondes régulières parcourent pendant
la nuit les rues de la ville et les gendarmes, dans
leur tenue correcte et irréprochable, ne le cèdent en
rien comme élégance et propreté à ceux des nations
européennes. Les zaptiés sont recrutés avec grand
soin et sont obligés de fréquenter une école spéciale. Ils ne sont enrôlés dans la police qu'après
avoir passé avec succès les examens de sortie de
l'école. Ces faits étonneront les voyageurs qui ont
visité Tripoli il y a quelque dix ans quand la police
était à peine organisée et à une époque où il était
dangereux de parcourir la ville d'y nuit. Les choses
ont bien changé car, actuellement, de nuit et de jour,
on peut se promener dans la plus parfaite sécurité
dans des rues propres et bien entretenues. Il y a là
un effort constant du gouvernement à essayer de se
tenir au niveau des exigences actuelles et les efforts
accomplis sont déjà remarquables si l'on pense
qu'ils n'ont été tentés qu'à partir du régime Jeune-
Turc. Il ne faudrait pas croire que les agents de
la police sont choisis parmi les sujets turcs seulement car les trois quarts au moins des gendarmes

sont d'origine berbère. Il existe, par conséquent, une police indigène dont les éléments sont fournis par la population autochtone du pays, en tout point comparable à celle que la France et d'autres nations entretiennent dans leurs colonies. On ne saurait montrer un esprit d'organisation plus moderne dans ses conceptions et une idée plus nette de ce que doit être un gouvernement colonial. Les Turcs ont su, dans cette œuvre qui était en plein développement il y a quelques mois, choisir des instructeurs capables qui leur ont donné les conseils les plus compétents (1).

Ahmed Hamdi me prie de lui accorder quelques jours de répit, car il tient à choisir lui-même les zaptiés qui doivent composer mon escorte, de façon à me procurer des hommes sur lesquels je puisse compter absolument en cas de besoin. Il y réussit parfaitement, et c'est en grande partie au zèle dévoué des gendarmes que je dois le succès de mon voyage.

Il me restait encore quelques jours avant mon départ. Je les occupai avec mes compagnons aux divers préparatifs indispensables pour une mission qui doit durer plusieurs mois dans le désert. Il nous manquait encore quelques chameaux. Nous nous rendîmes au marché réservé pour ces animaux, qui se tient le mardi sur la plage, entre le château du valy et le jardin public. Là, d'innombrables bêtes sont amenées de loin par des Berbères aux faces jaunes et anguleuses. L'achat d'un chameau est une opération délicate, car l'Arabe qui cherche à se débarrasser d'une bête sans valeur a recours à des

(1) Cette œuvre de réforme est presque entièrement due au maréchal Ibrahim Pacha (voir l'appendice).

ruses qu'il est bien difficile de dévoiler. Ainsi les chameaux trop maigres et qui trouveraient difficilement un acquéreur, sont gonflés artificiellement et ce n'est généralement qu'après l'acquisition et quelques jours de marches pénibles dans le désert que l'acheteur se rend compte qu'il a été trompé. Mais alors c'est trop tard pour réclamer et il faut subir la conséquence de cet acte malhonnête. La patience est nécessaire pour arriver à s'entendre, car le vendeur demande tout d'abord un prix exorbitant qu'il baisse peu à peu. L'Arabe aime passionnément la discussion, il en jouit beaucoup plus que du profit du marché. Le prix des chameaux varie dans d'assez grandes proportions et dépend de l'acheteur: On peut se procurer un bon chameau pour deux cents francs mais on en trouve également pour 4 à 8 livres turques.

Nos chameaux et nos bagages sont rassemblés dans un fondouk, vaste bâtiment avec au centre un grand espace quadrangulaire dans lequel les animaux sont parqués. Tout autour de cet espace sont disposées des chambres qui peuvent recevoir colis et voyageurs. Anciennement le fondouk était bien entretenu, pourvu d'une fontaine élégante, on le visitait avec plaisir, mais aujourd'hui il n'est plus qu'un hangar malpropre où hommes, bêtes et marchandises sont entassés pêle-mêle. L'aspect n'en est pas moins curieux. Le « vaisseau du désert », comme on a appelé si justement le dromadaire, se promène tranquillement, ridiculement majestueux ou bien il est accroupi et pousse des grognements désagréables, en essayant de mordre le chamelier occupé à le tondre, ou à le badigeonner.

de goudron. Il faut faire attention à la morsure du
chameau, car la blessure produite est dangereuse
par suite de l'infection qui résulte de la saleté des
mâchoires, mais en général les chameaux ne sont
pas méchants, ils rendent d'immenses services et
sont doués d'une grande force de résistance. Sans
ces fidèles serviteurs, la conquête des grands espaces désertiques sans eau ni fourrage serait impossible; ils sont les auxiliaires indispensables de
l'explorateur saharien.

CHAPITRE II

LES OASIS DE LA COTE ET LE BLED TRIPOLITAIN. NALOUT

Rassemblement de la caravane devant le consulat. — Charge des chameaux. — Les zaptiés. — Le Chaouch. — Le départ. — Le long de
la côte. — Zanzour. — Les puits. — Les jardins. — L'industrie du
vin de palme. — La récolte du vin de palme en Tripolitaine. — Le
vin de palme dans les régions équatoriales. — Route en construction. — Le fondouk de Rhar. — Le marchand arabe. — Chiens
kabyles. — L'oasis d'El Zaoïa. — Campement. — I ir Turkey. —
Cavaliers turcs. — Le brigand. — Mentalité orientale. — Ouragan
de sable. — Le puits de Dgdeïda. — Sur les chameaux. — Puits de
Barka. — Égaré dans le bled. — La source de Dgdeïda. — Repas
en retard. — La falaise du Djebel Fassato. — L'oasis de Tiji-Aïn
Ghesbah. — Les ruines. — La Chambre des squelettes. — Campement de Salat-Bou-El-Hassa. — Escalade de la falaise. — Le
dernier refuge des révoltés. — La source de Nalout. — Bien
gardé. — Arrivée à Nalout. — Le docteur Raffet. — Promenade. —
Porteuse d'eau. — Le puits. — Le ksar berbère. — Maison troglodyte. — Le siège du gouvernement. — Postes et Télégraphes. —
Le vent. — Déménagement.

Le 24 mars, jour fixé pour le départ, notre caravane est rassemblée devant le consulat d'Allemagne. Elle se compose de trois Européens, cinq
zaptiés, quatre domestiques berbères, huit chameaux et six chevaux. Les chameliers sont occupés
à préparer les charges, ce qui est long, car la répartition des fardeaux doit se faire autant que possible
en tenant compte des forces différentes des bêtes.

Ces préparatifs s'effectuent au milieu d'un branle-bas général et de cris assourdissants; car le Tripolitain est bruyant, il gesticule et crie pour accomplir le moindre travail. La charge des chameaux n'est pas une opération facile. Un homme se pend à la queue de la bête, tire en arrière, un autre tape sur l'animal à tour de bras. Le chameau ne pouvant faire autrement tombe sur les genoux, ramène les membres postérieurs sous son corps, et, par un dernier mouvement, s'accroupit. Une fois à terre, on place sur la bosse du chameau une sellette rembourrée de paille à laquelle sont suspendus, de chaque côté, des couffins renfermant les bagages. Il faut une certaine habitude pour placer la charge car le chameau résiste. Sentant le poids appuyer sur son échine, il retourne son long cou et cherche à mordre le conducteur. Ne pouvant l'atteindre, il essaye de s'échapper. Il y arrive souvent. Au moment de ficeler les charges, l'animal se lève brusquement, culbute colis et conducteurs. C'est alors tout à recommencer.

Nos cinq zaptiés arrivent au galop de leurs petits chevaux. Le chaouch Sadok vient se présenter. C'est un vieux soldat à la figure énergique, sur la poitrine duquel brille la médaille du Yémen. Il a en effet accompli cette campagne d'Arabie, dans un pays terrible, contre des adversaires fanatiques. Son courage lui a valu la distinction qu'il porte fièrement. Je suis vivement reconnaissant à Ahmed Hamdi de m'avoir donné un officier si capable. Le chaouch me nomme les différents gendarmes de l'escorte. L'un d'eux, un Turc du nom de Mustapha, parle le français sans accent; originaire de Smyrne, il a été

élevé dans une famille française. Il me sera d'un précieux secours comme interprète. Les autres zaptiés
sont de race berbère et connaissent bien le pays, ils
me serviront de guides.

La caravane est maintenant au complet. Le docteur Tilger et M. Gutowski, directeur de la régie
des tabacs, assistent à notre départ. Après les derniers adieux, j'enfourche mon petit cheval berbère
tandis que les deux Français qui m'accompagnent se
hissent tant bien que mal sur les chameaux. Il faut
une certaine habitude pour accomplir ce dernier
exercice et atteindre sans trop de tâtonnements
l'équilibre stable. Le signal du départ est donné et
suivis des bons vœux de tous, nous quittons Tripoli.

Notre itinéraire est de nous rendre directement à
Nalout, dans le Djebel occidental, en traversant le
Bled tripolitain, grande plaine qui s'étend des montagnes du sud à la mer. Le Djebel lui-même sera
exploré au retour.

Nous passons au sud de Tripoli pour atteindre la
côte à l'ouest. Une large piste sableuse suit le rivage.
Les palmiers de l'oasis qui entourent la ville deviennent plus rares. La limite de la mer bleue foncée et
du blanc rivage donne naissance à une ligne sinueuse
interrompue çà et là, dans sa continuité, par de petites falaises rocheuses au pied desquelles les vagues
viennent mourir. Nous avançons lentement et en
silence. Aucun obstacle ne vient rompre la triste
monotonie de la côte uniforme qui s'étend devant
nous. Après plusieurs mois de séjour dans le désert,
l'impression sera différente et par contraste avec les
effrayantes solitudes du sud, nous trouverons ce
même paysage, gai et riant.

Après quelques heures de marche, nous approchons de la belle palmeraie de Zanzour, située à 15 kilomètres de Tripoli. La piste bien marquée est encaissée entre deux haies de figuiers de Barbarie dont les longues épines défendent l'entrée des jardins. Le grincement des chadoufs trouble seul le silence de l'idyllique oasis, et révèle le travail incessant de cultivateurs invisibles. L'eau des puits est répandue par une multitude de canaux qui se ramifient en tous sens dans la palmeraie; grâce à cette irrigation sans cesse entretenue croissent en abondance les céréales, les figues, les pastèques, les melons ainsi que le jasmin dont l'odeur est si aimée des orientaux. Parmi la végétation, les blanches coupoles de marabouts et des koubbas se détachent nettement sur le fond vert de l'oasis.

Mon domestique Hamed m'entraîne vers un Arabe, accroupi au bord du chemin. C'est un marchand de vin de palme. Il a devant lui plusieurs jarres. Je bois avec plaisir la liqueur sucrée que l'on appelle ici le legbi; il me rappelle celui du Soudan quoique ne provenant pas des mêmes espèces de palmiers. Sa fabrication donne lieu, en Tripolitaine, à une véritable industrie importée par les Tunisiens. Pour obtenir le legbi, les indigènes entaillent légèrement le sommet de l'arbre et le suc s'écoule dans une jarre en suivant une feuille recourbée. Mais tout le monde n'a pas le droit de fabriquer le vin de palme. Il appartient à celui qui a fait ses preuves dans cet art et qui paie une redevance fixée. Il a obtenu ainsi le monopole de fabriquer et de vendre le legbi dans une oasis. Cette mesure a été prise par le gouvernement dans le but de protéger les palmiers d'une

destruction qui est à craindre dans un pays où la
végétation est localisée dans des espaces trop res-
treints. Car la diminution des palmiers aurait les
conséquences les plus graves; elle amènerait fatale-
ment la disparition des oasis et avec elle celle des
cultures et des habitants qui seraient obligés d'émi-
grer.

Au Soudan, il n'est pas nécessaire de tant de
précautions, et la fabrication du « nzan », nom du
vin de palme sur les côtes du golfe de Guinée, est
beaucoup plus primitive. Les indigènes décapitent
simplement le sommet du rônier, espèce de palmier
éventail, et l'arbre, après l'opération, meurt. Le
liquide est du reste recueilli de la même façon dans
des récipients appropriés. Beaucoup de voyageurs
ont été effrayés en traversant les espaces équato-
riaux de la multitude d'arbres ainsi sacrifiés et l'on
s'en est parfois ému. Mais c'est sans doute à tort
car si le rônier devait disparaître, il y a longtemps
que ce serait chose faite. Depuis la plus haute
antiquité, en effet, les nègres s'enivrent avec la
délicieuse boisson qu'est le vin de palme et si le
voyageur traverse souvent des espaces immenses
où les palmiers, dépourvus de leurs feuilles, semblables à des manches de balais, attestent d'anciennes
forêts de rôniers, il n'est pas moins vrai qu'il pousse
toujours de nouveaux arbres, malgré la guerre
acharnée qu'on leur fait. La vitalité du rônier est si
prodigieuse dans les contrées équatoriales que leur
nombre ne paraît pas diminuer. En Tripolitaine,
grâce aux précautions prises, le palmier ne meurt
pas. Quelques années après l'opération, il pourra de
nouveau fournir du vin.

Au sortir de l'oasis de Zanzour, nous cheminons sur un terrain sableux où poussent seulement quelques herbes desséchées. La piste s'éloigne de la mer de plusieurs kilomètres et court parallèlement à une curieuse plate-forme blanche, non loin de nous, à notre gauche. C'est une route en construction. Heureux de pouvoir en profiter, je pousse mon cheval sur la plate-forme de sable qui domine le bled, mais je l'avais à peine atteinte qu'un Arabe surgit et m'invective violemment. Ne comprenant guère ce qu'il me veut je ne m'en préoccupe pas. Mal m'en prit, car l'irascible personnage, passant des paroles à l'action, saisit mon cheval par la bride et me fait lestement redescendre le talus. En me retournant, je l'aperçois qui bouche soigneusement les traces que les sabots de mon cheval ont laissées dans le sable meuble, car j'avais endommagé la route. Il y a des années, paraît-il, qu'elle est en construction, mais chaque hiver elle est détruite par les vents violents qui soufflent en rafales sur la plaine (1).

C'est dans un fondouk de l'oasis de Rhar que nous passons notre première nuit de campagne. Mais la joie de trouver une habitation devait être de courte durée car, à peine étendus sur nos lits de camp, nous sentons toute une multitude de bestioles se promener sur notre épiderme. Cette première nuit est intolérable et nous ne pouvons fermer l'œil, dévorés que nous sommes par la vermine. Dans la demi-somnolence, j'aperçois dans un coin de la chambre notre hôte, un vieil Arabe, accroupi devant une espèce de table sur laquelle il pèse avec minutie des denrées.

(1) Le valy a engagé depuis lors des ingénieurs français capables pour la construction des routes.

Il tient là boutique et de temps en temps, de nouveaux arrivants, semblables à des fantômes blancs,
entrent et viennent causer avec lui. A la faible lueur
des bougies les figures parcheminées se succèdent
sans bruit pour ne pas nous réveiller. Ces visiteurs
viennent faire leurs achats au vieux trafiquant. Peut-
être même échangent-ils des produits de contrebande car parfois ils jettent un regard inquiet du
côté des zaptiés. Mais ils peuvent être sans crainte
car nos braves gendarmes ne sont nullement incommodés par les bestioles qui nous dévorent et
dorment du plus profond sommeil.

Le lendemain, au jour, nous nous mettons en
route et traversons les belles palmeraies bien arrosées de l'Ymaya et de Dgedgdain. Après nous être
approchés une dernière fois de la mer dont le bleu
s'aperçoit tout près de nous, entre les palmiers,
nous prenons franchement la direction du sud-ouest
pour atteindre bientôt le beau groupe d'oasis d'El-
Zaoïa. Nous cheminons au milieu des jardins que
gardent ces horribles chiens kabyles dont la voix
perçante et désagréable nous poursuit. Rien n'est
plus agaçant que ces maudits roquets qui se jettent
dans les jambes des chameaux et des chevaux au
grand risque des cavaliers. Heureusement que notre
levrette élancée se précipite et met en fuite ces gardiens trop criards dont les blanches silhouettes dis-
paraisssnt bientôt derrière les figuiers de Barbarie.

El-Zaoïa est un chef-lieu important, résidence d'un
kaïmakan. Nous débouchons sur la place du village
entourée de belles maisons avec de confortables
balcons, sur lesquels se pressent les fonctionnaires
qui nous regardent passer. Mais nous n'avons pas

le temps de nous arrêter et après avoir rassemblé tant bien que mal nos chameaux dispersés au milieu de la foule qui emplit la place, nous nous engageons dans le petit chemin qui serpente entre des maisons délabrées et des ruines. Sur un tertre, à notre droite, les tombes d'un cimetière berbère se pressent, impressionnantes dans leur primitive simplicité. Il y en a là des centaines dont l'emplacement est indiqué seulement par des dalles et des roches à peine travaillées, toutes orientées vers le levant.

A partir d'El-Zaoia, le long de la côte, les oasis sont nombreuses et se succèdent jusqu'à la frontière tunisienne. Nous quittons cette ligne de verdure pour entrer en plein dans le bled, que nous allons parcourir pendant sept journées jusqu'à Nalout. Nous ne verrons plus de belles oasis, seulement de temps en temps quelques palmiers au bord d'une source.

A l'approche de la nuit les tentes sont montées sur le sol aride. Les palmeraies de l'arrière plan forment un cercle verdoyant qui brille sous les derniers rayons du soleil couchant. Nos chameaux se dispersent dans le bled à la recherche d'herbes savoureuses. Leurs ombres s'allongent toujours et bientôt ce décor disparaît dans la nuit.

C'est sur un terrain sableux, bosselé, couvert d'herbes desséchées que la caravane poursuit sa route les jours suivants. Les vents ont creusé des dépressions profondes et étroites que nous sommes obligés de traverser jusqu'au puits de Bir Turkey. Les points d'eau deviennent plus rares, aussi nos zaptiés abandonnent leurs chevaux pour les remplacer par des chameaux. C'est avec les larmes dans les yeux que ces braves gens quittent leurs montures et leur font toutes sortes de démonstrations d'amitié en les remettant aux Arabes qui doivent les emmener.

Bir Turkey est situé à quelques dizaines de kilomètres au nord de la falaise de Djebel Nefousa qui marque la limite entre la plaine et les Hauts-Plateaux. Nous en apercevons la ligne bleuâtre et continue à l'horizon. Nous la suivrons à une certaine distance en nous en rapprochant insensiblement.

Nous avions à peine quitté Bir Turkey qu'une cavalcade importante apparaît à l'horizon et se dirige de notre côté. Les cavaliers s'approchent rapidement et je distingue bientôt plusieurs officiers turcs avec une cinquantaine de soldats. Ils ont fort bonne tournure dans leur costume gris avec leur teint bronzé et leur air martial. Ce sont des membres de la commission de délimitation qui reviennent de Nalout et de Ghadamès où ils ont été envoyés pour établir, avec la mission française, la frontière franco-turque.

Pendant la journée nous cheminions sans nous arrêter et accomplissions l'étape d'une seule traite. Nous ne descendions pas même des chameaux ou des chevaux pour avaler à midi le repas primitif qui était vite pris. Mais il faut une certaine habitude pour absorber la nourriture par une chaleur torride, et cahotté par les secousses régulières des montures. Les morceaux restent dans la gorge et il faut beaucoup d'efforts pour les faire passer.

Pendant la quatrième étape, vers une heure de l'après-midi, mes compagnons somnolaient béatement sur leurs chameaux quand Mustapha nous tire de notre engourdissement par de bruyantes manifestations. Nos regards se portent sur une ombre qui fuit devant nous rapidement mais la distance ne permet pas de bien distinguer. Je prête mon cheval au zaptié Nasser qui part en avant au galop. Mustapha et Hamed courent derrière. La chasse devient captivante et je crois un moment que l'animal poursuivi va s'échapper. Mais à ce moment un coup de feu retentit, la course s'arrête. Les chasseurs reviennent vers nous avec leur proie et nous ne sommes pas peu étonnés d'apercevoir derrière eux un pauvre diable d'Arabe bien ficelé, et un chameau. Cet homme avait été trouvé porteur d'une arme de guerre et voyant des gendarmes, pris de peur, il avait essayé de s'enfuir au galop de son chameau. Hamed lui avait alors lancé dans le corps une balle de mon winchester. L'Arabe, légèrement blessé, mais sentant la lutte inégale, se rendit. Les zaptiés l'attachèrent solidement derrière l'un de leurs chameaux et nous continuons notre route traînant derrière nous ce prisonnier.

Le soir, au campement de Dgelda, les gendarmes tiennent conseil et font comparaître le coupable. Dans la nuit, éclairés à la lumière vacillante du feu de camp, les zaptiés jugent le pauvre diable qui, ramassé en boule, tremble de peur. Ils lui décrivent avec violence les châtiments qui l'attendent. Comme il n'a pas l'air de comprendre, les zaptiés le frappent brutalement. Mais c'est peine perdue ; caractère fermé, impassible et fier, l'Arabe ne répond pas. Au bout d'un certain temps, la scène change et je crois comprendre qu'un marché est en train de

se conclure. Le prisonnier, maintenant remis de son
émoi, discute avec ses persécuteurs pendant longtemps, mais peu à peu le silence se fait ; les zaptiés
et nos gens se roulent les uns après les autres dans
leurs couvertures et s'endorment. Seul le soldat de
garde, dont l'épée brille à la blanche lueur de la lune,
va et vient devant les tentes. Le lendemain matin,
l'Arabe, avec son fusil et son chameau, avait disparu.
A mes questions les zaptiés me répondent évasive-
ment. Hamed m'affirme que ce prisonnier est un
très brave homme.

J'eus la clef du mystère seulement plusieurs mois
après l'incident. Voilà ce qui s'était passé : Les
zaptiés avaient effrayé à dessein le pauvre homme,
lui montrant dans quelle situation critique il serait
s'il était ramené à Tripoli. La décapitation ne serait
encore qu'un des moindres maux. On comprend
dans quel état était le prisonnier. Affolé, il offrit tout
ce qu'on voulut pour que la liberté lui fût rendue.
C'est ce que nos diligents gendarmes attendaient.
L'Arabe leur promit donc un mouton et plusieurs
écus contre la liberté. Il était encore heureux de
s'en tirer à si bon compte et de racheter à vil prix
sa tête menacée. C'est ainsi que dans la nuit il put
s'esquiver sans bruit et nous ne le revîmes qu'un
mois plus tard dans un campement de bédoins où
nos zaptiés touchèrent le prix de leur mansuétude.

Si j'ai cru intéressant de narrer cet incident, c'est
qu'il met en relief le caractère turc et berbère. Il ne
faut pas croire que les zaptiés turcs en cette occasion
se soient montrés plus durs envers le contrebandier que le szaptiés berbères ; le contraire a eu lieu.
Ce sont les compatriotes du contrebandier qui ont

été l'âme de la combinaison et le chaouch insouciant a simplement laissé faire, sans doute heureux de la bonne occasion qui se présentait. Cette scène peut paraître arbitraire et serait de nature à jeter du discrédit sur la police si on jugeait les événements isolément, mais il faut bien se convaincre que dans toutes les polices indigènes coloniales, des faits semblables sont journaliers, et à ce point de vue cet incident n'a rien d'effarouchant. Il serait injuste d'en tirer une conclusion défavorable pour la police turque. Si j'avais signalé en haut lieu cet abus de pouvoir il est hors de doute que mes zaptiés auraient été sévèrement punis. Mais je n'en fis rien parce que l'événement, dans l'esprit même de celui qui en avait souffert, ne dépassait guère l'importance d'une partie de cartes perdue. Plus tard, lorsque je me retrouvai en présence de notre ancien prisonnier, je fus curieux de connaître son opinion ; elle était fort simple. Il admirait les zaptiés pour le bon tour qu'ils lui avaient joué et les trouvait très forts. Leur prestige s'en était accru. J'avais été beaucoup plus impressionné de la scène que l'Arabe lui-même. Pour juger ces gens-là, il faut d'abord concevoir leur mentalité violente, remplie d'exagération. Ils jouent comme des acteurs, mais des scènes réelles, parfois injustes et brutales, dont ils ne sont pas longuement impressionnés.

Le 28 mars, une violente tempête nous surprend. Le sable arrive par rafales et nous aveugle. J'essaie les lunettes spéciales dont on m'a dit beaucoup de bien, pour protéger les yeux, mais la poussière, infiniment ténue, pénètre derrière les verres malgré les côtés hermétiquement fermés. Je suis obligé de

faire comme les indigènes et de nouer autour de la
tête une gaze à fines mailles. C'est le seul moyen
efficace contre les sables. Mais je ne vois guère à
travers ce voile trop épais et c'est de confiance que
je laisse cheminer mon cheval, qui suit sagement
les chameaux. Ces derniers, les paupières mi-closes,
ne paraissent pas du tout souffrir de l'ouragan.

Au puits de Dgdeida, il y a grand rassemblement.
Des chameaux et des ânes chargés de marchandises
sont accroupis au bord avec leurs guides. Nous nous
arrêtons un instant pour nous restaurer un peu
mais le sol est balayé par la tempête et l'atmosphère
est si chargée de poussières que l'on ne voit rien
autour. Le séjour y devient intenable et nous repartons bien vite. Plusieurs caravanes nous croisent,
se dirigeant vers le sud. Car nous traversons en ce
moment la piste qui relie la région tunisienne, très
peuplée, de Ben-Gardane, aux montagnes de Fassato.

Le jour suivant, le vent est tombé, mais d'autres
soucis nous assaillent. Un chameau, fatigué, n'a-
vance plus. Il faut le décharger et répartir ses
bagages sur les autres. Mon cheval est blessé, la
selle l'a cruellement entamé sur le dos. Il ne peut
plus me porter et je suis obligé d'escalader un chameau. La sensation est nouvelle pour moi. Perché
sur les bagages, je ne suis guère rassuré. Je suis
si haut que j'en ai le vertige. Le balancement régulier, le vrai tangage du « vaisseau du désert, » qui
projette à chaque pas le corps en avant, donne des
courbatures intolérables dans les reins. Le passage
des oueds est surtout dangereux ; le chameau entraîné par la pente, court et secoue le cavalier de la

plus atroce façon. Si l'on néglige de se cramponner avec force aux cordes qui retiennent les charges, on risque d'être précipité à terre, sur les blocs énormes qui remplissent les oueds. La chute serait mortelle.

Tant bien que mal, nous atteignons le puits de Barka dont l'eau stagnante, au milieu de gypse, me paraît mauvaise; les Arabes fatigués refusent d'aller plus loin. Mais comme une bonne source nous est signalée à quelques kilomètres de là, je les oblige à continuer, ce qu'ils font de bien mauvaise grâce, après avoir mis, à dessein, quelque confusion dans la caravane. Plusieurs palmiers se dessinent à l'horizon; c'est Dgdeida, dont l'eau claire et fraîche de la source nous récompense de ce surcroît d'effort. La nuit tombe. Le chameau blessé resté en arrière n'apparaît toujours pas. Nous allumons un grand feu avec des broussailles trouvées sur place, pour indiquer le campement aux retardataires. De temps en temps quelques coups de revolver sont tirés. La détonation se répercute au loin dans la plaine. Rien ne répond à nos signaux. Je suis inquiet et surtout de fort méchante humeur, car c'est naturellement ce chameau resté en arrière qui porte les provisions. Je rends responsable le cuisinier Djemma de ce qui arrive, mais c'est moi qui ai tous les torts. Démontrer à un Arabe qu'il est dans l'erreur est chose impossible. Lassé à la fin je ne réponds plus aux raisonnements subtils que notre cuisinier me débite de sa voix mielleuse et persuasive. La situation aurait fini par se gâter tout à fait si, en fin de compte, des cris lointains n'étaient venus ranimer notre courage. Peu après, les retardataires sont là et le repas tant attendu calme notre nervosité.

A partir de Dgdeïda, nous cheminons dans l'ouest en plein, suivant parallèlement, à 20 kilomètres au nord, la haute falaise du Djebel Fassato. Cette falaise, dont nous ne voyons ici qu'une partie, a plus de 3oo kilomètres de longueur et est le véritable bord méditerranéen de la Tripolitaine. S'élevant à pic au-dessus de la vaste plaine, elle n'offre de points d'accès que là où de profondes échancrures produites par l'érosion d'anciens torrents, viennent rompre son uniformité. La succession des strates géologiques produit des alternances de couleurs qui, comme de longs rubans, se déroulent aussi loin que la vue peut porter.

Au pied de la falaise, la plaine présente de vastes ondulations et des cuvettes dont le fond est parfois saupoudré de sel. Sur les flancs d'une éminence surbaissée, quelques palmiers indiquent les restes d'une ancienne oasis; c'est Tiji-Aïn-Ghesbah où nous passons la nuit. Les vieilles ruines d'une forteresse berbère attirent nos regards. Sous un pan de muraille qui domine encore un cahot de pierres croulantes, un orifice à moitié obstrué donne accès dans un souterrain; nous y pénétrons avec précaution. Un véritable boyau conduit dans une salle voûtée dont l'obscurité ne permet pas d'abord de distinguer les détails. Hamed, qui m'accompagne, frotte une allumette et à cette faible clarté quel n'est pas mon saisissement de voir un étrange spectacle. Nous sommes entourés par des squelettes, appuyés contre les murs; le sol de la salle est couvert d'ossements de toutes grandeurs; de gros tibias ont appartenu à de vigoureux marcheurs du désert, comme le révèlent les puissantes empreintes musculaires; des ossements plus grêles représentent des squelettes d'enfants. Mais ce tableau est trop terrifiant pour Hamed qui sort précipitamment, ne voulant pas « attraper la mort ». Je reste encore quelques instants dans ce lieu si curieux et cherche en vain une explication favorable des circonstances qui ont amené le rassemblement de ces squelettes dans le souterrain. Les Berbères ont l'habitude d'ensevelir leurs morts dans des cimetières. S'agit-il ici du souterrain d'un ancien château au fond duquel on a laissé périr des prisonniers? Les plus horribles visions hantent mon esprit et je me rappelle les histoires sanguinaires que l'on colporte sur les anciens habitants fanatiques et violents qui habitèrent ces contrées. Les diverses tribus berbères étaient jadis toujours en guerre et il est bien possible qu'ici je me trouve en présence d'une ancienne citadelle. Je ne pus du reste avoir dans la suite aucun renseignement sur cette localité sinistre.

L'oasis de Tiji-Aïn-Ghesbah est abandonnée depuis fort longtemps car le puits est comblé; seuls quelques pauvres nomades la visitent parfois. La population sédentaire s'est retirée à Tiji, une oasis bien arrosée au pied de la falaise.

Vingt kilomètres à l'ouest de Tiji, la falaise est interrompue par une large vallée, l'oued Bou-el-Hassa, qui conduit à Nalout, capitale du Djebel occidental. En face de nous, à l'horizon, trois petites montagnes pointues indiquent la frontière tunisienne. Nous quittons la direction de l'ouest pour nous diriger franchement vers la falaise, à travers des ravins nombreux qui rendent la marche difficile aux approches des montagnes. Vers la falaise, le terrain s'élève insensiblement et est recouvert par un énorme cahot de blocs et d'éboulis. Nous avançons vers quelques palmiers, à l'entrée de l'oued, qui nous paraissent propices pour établir le campement. En route nous croisons un arabe qui, monté sur un joli cheval, passe à côté de nous, sans nous voir. Son burnous flotte, élégamment soulevé par la brise fraîche du soir, et son long fusil à pierre se balance secoué par le pas vif et rythmé de sa monture.

Dans l'oued, la piste serpente au milieu des champs d'orge qui en occupent tout le fond. Notre campement est établi dans un lieu idyllique, que les Arabes dénomment Salat-Bou-el-Hassa, dominé de tous côtés par les montagnes tabulaires profondément entamées par des oueds nombreux. Au soleil couchant les alternances horizontales des strates géologiques se colorent des teintes les plus variées. Nalout, caché derrière les contreforts du plateau, n'est pas encore visible.

Le lendemain matin, j'abandonne la caravane qui, contournant un contrefort rocheux, suivra la piste bien tracée. Accompagné de deux zaptiés, Mustapha et Nasser, j'escalade les pentes rapides qui dominent Salat-Bou-el-Hassa. Après quelques heures de marche nous atteignons le haut de la montagne, petite plate-forme séparée de tous les côtés du vaste plateau par de profondes vallées. A nos pieds, 3oo mètres plus bas, des points noirs se meuvent lentement. Je devine notre caravane. Vers le nord, la vue s'étend sur les horizons infinis du bled tripolitain, tandis que près de nous, c'est le cahot des avant-monts, avec ses cônes d'éboulis et ses ravins profonds. Au sud, le vaste plateau calcaire s'étale monotone,

immense, profondément découpé par l'oued principal de Bou-el-Hassa qui envoie des ramifications en
tous sens. Le paysage n'est point désolé car, sur les
flancs des falaises, sont accrochés des jardins et au
fond des oueds se pressent des touffes de palmiers
et de dattiers. De l'autre côté d'une large vallée, sus-
pendues au-dessus de l'abîme, se trouvent des ma-
sures grises, à peine distinctes des rochers mêmes.
C'est Nalout, perché sur un éperon rocheux, entouré de toutes parts de précipices. Sur l'extrémité
de l'éperon, le bâtiment massif et imposant de l'ancienne forteresse berbère, domine comme toujours
le pays.

C'est avec découragement que nous constatons
qu'il nous faut descendre dans l'oued pour remonter
de l'autre côté à Nalout, car la montagne sur laquelle nous sommes est complètement isolée et
séparée des hauts plateaux. Mes zaptiés se la-
mentent en voyant le long trajet qu'il nous reste
encore à parcourir car le soleil darde maintenant
ses rayons brûlants.

Nous dévalons le long de la pente jusqu'à des
ruines qui occupent une petite terrasse. C'est une
ancienne forteresse. Des bastions suspendus et des
tranchées témoignent d'ouvrages de défense considérables. Nasser, le zaptié berbère, me raconte les
combats sanglants qui ont illustré cet endroit. L'armée ottomane, lors de la conquête du pays, a dû, à
plusieurs reprises, tenter l'assaut de ce fort, presque
inexpugnable par sa situation. Toujours repoussée
par les fanatiques guerriers berbères, les Turcs
mirent plusieurs années pour réduire la garnison et
ne purent y arriver qu'en bloquant la place. A la

longue, ne voyant plus rien bouger dans le fort, les
Turcs tentèrent l'escalade des rochers. Aucune ri-
poste ne répondit et ils pénétrèrent facilement dans
la citadelle, mais en usant des plus grandes précautions, car ils craignaient une ruse. Quelle ne fut pas
l'horreur des officiers quand ils se trouvèrent en
face d'un monceau de cadavres en putréfaction. Les
farouches Berbères, plutôt que de subir la honte
d'une défaite, avaient préféré se laisser mourir d'inanition. Les Turcs rasèrent la citadelle, le dernier
refuge des révoltés, et depuis lors le pays soumis à
l'autorité du sultan n'a plus été le théâtre d'aucune
lutte sanglante. Nasser me narre ces faits avec fierté ;
Mustapha, en qualité de bon Turc, est saisi d'indi-
gnation ; il ne cesse d'adresser les épithètes les plus
violentes à ces sauvages, qu'il a été si difficile de
soumettre.

Rapidement, nous dévalons le long des pentes
de la montagne. Dans la plaine une piste serpente
au fond de l'oued, venant de Nalout. Nous la suivons. La soif se fait cruellement sentir ; mais prenant tout ce qu'il nous reste de courage, nous
remontons lentement le ravin pour arriver à un
groupe de palmiers dattiers. Ruisselants de sueur,
nous nous laissons tomber à leur ombre bienfaisante.
L'eau limpide d'une source coule à nos pieds et nous
permet d'étancher notre soif dévorante. Un groupe
de Berbères aux pommettes saillantes, véritables
squelettes recouverts d'une peau tannée brunâtre,
m'examinent curieusement. Je me sens mal à l'aise
sous ces regards durs et pénétrants. L'un d'eux m'ef-
fleure de son burnous. Mustapha interpelle l'imprudent brutalement et le menace de l'emmener en prison

s'il ne me présente pas des excuses. Je trouve mon
zaptié trop plein de zèle et lui en fais la remarque.
Il me répond qu'il est prudent de se méfier des
Berbères ennemis des roumis. Mustapha est responsable de ma vie et a mission de veiller sur moi. Il
tient à exécuter à la lettre la consigne reçue. Je vois
qu'avec un gardien aussi féroce, je n'ai rien à
craindre mais il ne me convainc nullement de la
traîtrise de ces braves Berbères qui me paraissent
au contraire très sympathiques, malgré leur farouche
apparence.

Le chemin en lacets qui suit le fond du ravin est dominé sur la droite par l'ancien fort berbère. Le ravin
devient toujours plus escarpé et se transforme bientôt en un étroit couloir dont les deux parois sont
verticales. Plus haut, nous passons à côté de maisons écroulées et de pans de murs qui tiennent à
peine; c'est une partie de Nalout. Il semble qu'un
ouragan a passé sur une ville, l'a détruite et n'y a
laissé que des ruines. A notre approche, des Berbères
s'avancent et nous regardent passer. Un dernier effort et nous atteignons le sommet du plateau.

Mes compagnons, arrivés depuis longtemps, ont
établi le campement à côté du ksar, vaste bâtiment
rectangulaire construit sur une éminence qui domine
la région. J'aperçois nos tentes et, devant, la table
servie qui m'attend.

Nous avions à peine fini de déjeûner que le Kaïmakan vient me souhaiter la bienvenue. Le gouverneur, le docteur Raffet, est un médecin distingué.
Il parle couramment le français appris à Paris pendant ses études et a pratiqué plusieurs années à
Tunis jusqu'au moment où le gouvernement ottoman

l'a envoyé à Nalout comme administrateur du district. En qualité de médecin, il soigne les Berbères et fait beaucoup de bien dans la région.

Le docteur Raffet me propose de visiter la ville. Pendant notre promenade, il me donne des renseignements intéressants sur les habitants de Nalout, dont beaucoup vivent sous terre, ce sont des troglodytes. Les habitations sont originales. Un souterrain étroit, obscur, conduit au fond d'un puits assez vaste. De là, des ouvertures mènent aux chambres voûtées, creusées dans le gypse. Ces constructions souterraines présentent un réel avantage sur les autres. On jouit à l'intérieur d'une température modérée et constante, que ce soit pendant l'hiver quand soufflent les vents froids du Nord ou pendant les chaleurs brûlantes de l'été.

Le puits de Nalout, dont on retire une eau excellente, se trouve au-dessous du plateau. En nous y rendant une femme chargée de sa gherba passe à côté de nous. Je veux la photographier, mais elle se sauve en courant dans les pierres et j'ai toutes les peines du monde à la rattraper. Je réussis enfin à braquer mon kodak sur une masse informe, folle de peur, blottie contre le rocher.

Les abords d'un puits en Orient sont toujours animés. Les mouquères viennent y puiser l'eau, les soldats remplissent les tonnelets de la garnison qui seront transportés par les chameaux ou les ânes.

Du puits, mon guide me conduit vers l'ancien ksar dont une moitié, en s'écroulant, a entraîné plusieurs maisons. Un assez grand nombre d'habitants ont été ensevelis sous les décombres. Mais personne n'a relevé les ruines; tout est resté comme au lendemain de la catastrophe.

Le ksar berbère n'est plus un fort, c'est un bâtiment encore vaste qui sert de marché. Chaque habitant possède là une petite chambre fermée à clef, dans laquelle il dépose sa fortune et ses provisions. C'est à fermer le réduit que sert cette clef énorme que tous les Arabes portent pendue à leur ceinture ou au cou, et dont ils ne se débarrassent jamais.

Cette habitude de rassembler les biens dans un bâtiment commun est une précaution prise contre le vol. Les habitants s'absentent souvent de longs mois, soit que, partis avec leurs chèvres ils aillent dans le bled à la recherche d'un meilleur herbage, soit que, marchands, ils vont au loin écouler leurs denrées. Pendant ces longues absences les voleurs ou pirates pourraient facilement, sans être vus, pénétrer dans les maisons isolées et abandonnées. On comprend l'intérêt qu'ont les habitants des bourgades à réunir leurs richesses dans le ksar où la municipalité se charge de veiller aux biens qui lui sont confiés. L'avantage était encore plus grand jadis, quand les peuplades étaient toujours en guerre les unes avec les autres.

La forteresse turque est un énorme bâtiment carré, dont les murailles puissantes permettraient de soutenir avec succès un assaut sérieux. Au milieu, une grande cour, bien entretenue, communique à l'extérieur par deux portes opposées dont les puissantes fermetures mettent les habitants du fort à l'abri d'un coup de main.

Nous pénétrons dans le bureau des postes et télégraphes situé à l'angle du ksar. Le directeur me

reçoit avec beaucoup d'affabilité et m'offre le café
et les cigarettes.

Toutes les localités d'une certaine importance ont
un bureau de poste, dont le service régulier est assuré par des fonctionnaires turcs ; la poste va jusqu'à
Ghadamès, le télégraphe n'atteint pas encore cette
oasis, mais s'arrête à Sínàoun, car la dernière sec-
tion est encore en construction.

Rien n'est plus curieux que l'intérieur d'un bureau
postal dans ces contrées reculées. Le directeur tra-
vaille toujours sans relâche et le télégraphe marche
sans arrêt. Le récepteur Morse est du type ancien
modèle. Le télégraphiste ne se sert jamais de l'impression sur la bande ; le stylet frappe sur une vieille
botte de conserve ou un morceau de fer blanc. L'employé écrit la communication au fur et à mesure,
en écoutant les coups secs et métalliques. Il faut une
certaine adresse pour se servir ainsi du télégraphe,
mais les fonctionnaires paraissent très habiles à cette
manipulation.

Tandis que le moudir est occupé à sa besogne importante, les hauts dignitaires en séjour à Nalout
viennent tour à tour me saluer. Un colonel turc part
pour Ghadamès le lendemain et serait heureux de
faire la route avec moi. Mais je suis, à mon grand regret, obligé de refuser cette proposition, car je compte
faire quelques excursions vers l'ouest, avant de m'enfoncer définitivement dans le sud. Je vois encore
des capitaines, des lieutenants, des sergents, qui se
mettent tous à mon entière disposition au cas où
j'aurais besoin d'un service. Je les remercie de tout
mon cœur et les rassure en leur promettant d'avoir
recours à leur bonne volonté au premier embarras.

Au dehors du ksar, le vent souffle avec une force
inouïe. Nos tentes sont à moitié démolies et le
soir la tempête augmente encore de violence. Nous
passons une partie de la nuit à renforcer les piquets
des tentes, arrachés par l'ouragan. Le lendemain
matin, je vais raconter nos vicissitudes au kaïmakan qui se met aussitôt à la recherche d'une habitation où nous puissions nous reposer à l'abri des
éléments. Pas une maison n'est vide. Le kaïmakan
m'offre une vaste habitation troglodyte qu'occupe
le bureau de recrutement. Je refuse tout d'abord, car
il faudrait transporter ailleurs les paperasses qui
emplissent la maison, mais rien n'y fait ! Le kaïmakan appelle les soldats pour vider le vaste local et
je me trouve bientôt seul à jouir de cette délicieuse
habitation. Nous y transportons nos bagages pour
y passer quelques jours, avant de repartir dans le
désert.

CHAPITRE III

A LA FRONTIÉRE TUNISIENNE

Départ de Nalout. — Le guide Daou. — Passage difficile. — Hass!an.
— L'oued Lourzout. — Chasse à la gazelle. — Bir Zar. — Le puits.
— L'eau. — A la frontière. — Territoire militaire. — Frontière bien
gardée. — Territoire contesté. — Les travaux de la commission mixte.
— Incident de frontière. — Topographie. — Le simoun. — Tempête de
sable. — Le chaouch perdu dans le désert. — Flair des chevaux
berbères. — Chez les Bédouins. — Types berbères. — Les pâturages.
— Coutumes de Bédouins. — Le repas. — Ames chevaleresques des
Bédouins. — Nobles sentiments des peuples primitifs. — Hospitalité
berbère. — Chute de chameau. — L'oued Girgir.

Il nous faut beaucoup de temps, le jour du départ, pour sortir les bagages entassés au fond de la
maison souterraine. Aussi, quoique levés dès l'aube,
ce n'est qu'à neuf heures que nous nous mettons
en route.

La piste qui relie Nalout à Ghadamès passe par
Sinâoun, groupe d'oasis situé à mi-chemin environ ;
cette route sera parcourue au retour. Pour le moment
nous nous dirigeons dans la direction de Bir Zar,
puits à cent kilomètres environ de Nalout. Il nous
faudra quatre journées pour y arriver.

Le docteur Raffet me fournit un guide excellent du
nom de Daou. Originaire de Nalout, cet homme est un

chasseur fin et rusé qui a déjà parcouru la région et en connaît tous les secrets. Dernièrement, engagé pour guider la commission de délimitation de la frontière tunisienne, il a rendu de bons services, aussi suis-je heureux de me l'attacher. Daou est un vrai type berbère, maigre, osseux, à la figure allongée et ridée. Drapé dans son long burnous blanc dont le pan ramené autour de la tête ne laisse voir que les yeux malicieux, il trotte en avant, toujours à l'affût, portant en travers son fusil à pierre. Les Arabes ne quittent jamais cette arme, longue de plus de deux mètres, fort mal commode du reste, et dangereuse surtout pour les compagnons de route qui risquent souvent d'en recevoir le canon dans l'œil.

Au sortir de Nalout, nous descendons dans un ravin. Les chameaux ont beaucoup de peine à marcher le long des strates calcaires, et à ne pas glisser sur les dalles polies. Le passage est difficile, les bêtes se raidissent et ne veulent plus avancer. Les jambes d'avant fixées au sol, elles n'osent bouger. Les chameliers, suspendus à la queue des chameaux pour les retenir, font retentir l'air de leurs za! zà! vigoureux. Nous avançons lentement, avec précaution.

Les bêtes hésitantes tâtent prudemment le sol de leur pied mou qui forme en quelque sorte ventouse; il s'écrase sur la roche et en moule les aspérités. Suivant la nature du terrain, l'adhérence peut être très forte; mais là où le sol est complètement lisse, les chameaux glissent. Leur chute est toujours dangereuse.

Le ravin débouche dans une vallée étroite sur les

flancs de laquelle, au milieu des pierres et des dattiers, blottis à l'orifice de grottes se tiennent des
hommes en burnous et des femmes habillées de
leurs mantes bleues.

C'est le village de Hassian. Toutes les maisons y
sont creusées dans la montagne même et sont semblables à des cavernes.

Après avoir cheminé quelque temps parmi les
champs et les jardins bien cultivés, nous quittons
le fond de l'oued pour nous élever sur les hauteurs
du plateau.

Le vent souffle avec rage, car nul obstacle ne
s'oppose à sa violence. Nous passons au sud des
Djemel de Nalout, collines situées exactement à
l'ouest de la ville et qui servent de repères trigonomé-
triques; nous nous approvisionnons d'eau à un puits,
le dernier que nous rencontrerons jusqu'à Bir Zar.
Ensuite nous cheminons parmi les oliviers et les
champs d'orge. Mais le pays devient peu à peu
plus aride, et le soir, lorsque nous campons dans
l'oued large de Sakra Nia, c'est de nouveau le bled
avec sa maigre végétation desséchée.

L'un des oueds les plus importants et les plus
capricieux de la région, est l'oued *Lourzout* dont
les méandres sont innombrables. Parfois, pour éviter des détours trop longs, nous traversons des
promontoires étroits, ce qui oblige à des montées
et des descentes continuelles. Les oueds sont d'anciennes rivières dont le lit desséché est rempli de
cailloux roulés ou de conglomérats, parfois d'amas
importants de gravier et de sable.

Au troisième jour de notre départ de Nalout le
paysage change. Une plaine immense s'étale devant

nous limitée à l'horizon par une ligne bien marquée de hauteurs. Daou m'indique à notre gauche les monts de Kroum-el-Ba-Bouche, à notre droite le Galb Magran séparés par une dépression. En avant des montagnes, des collines aux formes arrondies, plus basses, éclatent de blancheur. Ce sont des dunes de sable dont les millions de grains de quartz réfléchissent la vive lumière du jour d'Afrique.

La plaine de Hammadia a plus de 20 kilomètres de large et est couverte d'herbes desséchées. Nous cheminons dans le bled lorsque soudain une gazelle passe devant nous. Une chasse acharnée commence, nos deux levrettes ont aperçu l'animal qui, frêle, léger, s'échappe par bonds gracieux dans la plaine. Du haut d'une éminence je suis les péripéties émouvantes de la fuite de la gazelle qui, poursuivie par les chiens, perd peu à peu du terrain. Je crois un instant voir le pauvre animal déchiré par les dents des levrettes ; mais la gazelle, folle de terreur, s'échappe par un effort désespéré et continue sa course. Dans la plaine nos Berbères et nos zaptiés s'élancent, les fusils en avant. Plusieurs détonations retentissent, la bête ne paraît pas touchée, car elle continue sa course toujours aussi agile et élégante dans ses mouvements. Mais, par une ruse habile, les levrettes ramènent vers les chasseurs la gazelle qui se trouve ainsi entourée d'ennemis nombreux ; elle s'abat exténuée aux pieds des chasseurs. Ceux-ci poussent des hourras de triomphe, et ramènent, fiers de leur succès, la pauvre bête, secouée des derniers frissons de l'agonie. Les quatre pieds attachés, la gazelle est suspendue derrière un chameau. Sa tête pend tristement et ses deux grands yeux expriment une dou-

leur infinie. Un mince filet de sang coule de la
gorge déchirée et laisse une traînée rouge qui marque notre passage. Mais de nouveaux cris retentissent. Une grosse gazelle vient d'être aperçue qui
s'échappe d'une touffe desséchée ; c'est la mère probablement qui cherche son enfant. Avec une gazelle
nous avons assez pour les repas de deux journées,
aussi j'ordonne aux Berbères de laisser ce gracieux
animal courir dans le bled. Mais ils ne m'écoutent
point ; excités par la vue du sang, ils commencent
une nouvelle chasse et rapportent au bout de peu
de temps trois nouveaux cadavres dont les corps
sanguinolents, lacérés par nos levrettes, sont suspendus à côté du premier, derrière le chameau.

En approchant de la frontière tunisienne les oueds
deviennent plus nombreux, plus ramifiés et découpent
dans le plateau des collines qui ont la forme de
plates-formes séparées les unes des autres par des
cols étroits.

Le 8 avril nous atteignons la frontière au puits de
Zar, creusé dans le gypse au milieu d'une cuvette
évasée. Les deux puits de Bir Zar sont distants de
cent mètres. La frontière qui a été établie dernièrement passe exactement entre les deux puits
dont l'un est turc, l'autre tunisien. Nos tentes sont
montées près du puits turc, à l'endroit même où,
peu de temps auparavant, la commission mixte de
délimitation de la frontière avait établi son campement.

Le puits de Zar a environ quinze mètres de profondeur. Nous fixons la poulie qui sert à éviter à la
corde de glisser sur les bords cannelés du puits.
Ces préparatifs terminés, les chameliers tirent l'eau

au moyen des gherbas et remplissent l'auge creusée
en forme de bassin à côté du puits.

Les chameaux n'ont rien bu depuis trois journées.
Les chameliers doivent les retenir à grands coups de
matraque pour les empêcher de se désaltérer tous à
la fois dans l'auge trop petite. L'on m'avait raconté
de curieuses histoires sur les eaux de Bir Zar, qui
sont censées guérir toutes les maladies. Elles ont
produit des cures merveilleuses. Aussi j'avais hâte
d'en goûter, mais à peine mes lèvres en étaient-elles
humides que j'en retirai vite le gobelet. Un goût
amer rendait l'eau imbuvable. Elle était surchargée
de sels de magnésie et de chaux. L'eau de Bir Zar
n'était qu'une eau purgative naturelle très efficace.

De l'autre côté de la frontière un lieutenant français et des goumiers montent la garde. J'apprends
avec étonnement qu'il ne m'est pas possible de pénétrer sur le territoire tunisien, le pays est dangereux et le gouvernement français ne peut garantir
ma sécurité. La police est cependant faite avec vigi-
lance, car tout Arabe qui vient de Tripolitaine en
Tunisie est arrêté et jeté en prison. Nos propres
domestiques que j'avais envoyés porter des lettres
à Jénéïen sur territoire tunisien, ont subi ce sort
peu mérité. Je ne doute pas qu'avec des mesures
aussi sérieuses, le gouvernement n'arrive bientôt à
pacifier complètement ce territoire.

Jusqu'à Ghadamès je verrai les méharistes sillon-
ner la frontière, elle est mieux gardée dans ce désert
inculte que nulle part en Europe. C'est presque à
croire que le bey de Tunis est encore sous la han-
tise chimérique d'une invasion turque de ses États.

C'est donc à mon grand regret que je suis obligé

d'abandonner mon programme de visiter une partie
du grand Erg, illustré jadis par de hardis explorateurs. Il faut espérer que la Régence sera bientôt à même de permettre aux voyageurs de poursuivre leurs pérégrinations dans cette partie du
pays.

Il est étrange que dans un pays aussi déshérité
par la nature qu'est le territoire où passe la frontière turco tunisienne, les incidents aient été aussi
fréquents. Encore aujourd'hui de pauvres hères,
vivant misérablement sous des tentes et n'ayant
pour toute richesse que quelques chameaux et
quelques chèvres, se voient confisquer par la police
celles de leurs bêtes qui, à la recherche de quelques
herbes fraîches, ont traversé la ligne frontière. Le
propriétaire de l'animal ne peut même pas adresser des réclamations car il serait arrêté impitoyablement à son arrivée sur le territoire voisin.

Ces mesures trop sévères prises par les gouvernements turc et français pour combattre la pirate-
rie qui existait dans ces régions, ont été efficaces,
car le pays jouit maintenant d'une tranquillité complète du côté ottoman, et il en est vraisemblablement
de même du côté tunisien quoique le pays soit encore interdit.

La frontière n'est bien définie que depuis quelques mois.

Auparavant, il existait en quelque sorte une zone
neutre entre les deux pays, un territoire contesté au
sud de Jénéïen. C'est du reste grâce à l'existence de
cette partie où chacune des deux puissances turque
et française, prétendait exercer ses droits que la région a été si longtemps troublée. La police était

faite du côté tunisien par des goumiers, du côté tripolitain par des zaptiés.

On devine ce qui devait se passer avec des soldats
aussi violents et chicaneurs. Le conflit était conti-
nuel. Les gendarmes, qui auraient dû se contenter
de veiller à ce que la police soit faite avec justice,
traversaient par bravade des zones qui leur étaient
défendues. Les soldats du camp opposé essayaient
de les arrêter et il s'en suivait des bagarres et des
coups de feu. Telle était la situation des territoires
contestés, mais il ne faut pas accuser un gouvernement plus qu'un autre de ces incidents regrettables
qui étaient dus à une situation provisoire.

C'est pour mettre fin à ce déplorable état de
choses que les gouvernements respectifs décidèrent
qu'une commission constituée par des officiers et
géomètres des deux pays établirait pendant l'hiver
1910-1911 la frontière de Jénéïen à Ghadamès.

Cette commission mixte comme on l'a appelée,
puisqu'elle était composée de Turcs et de Français,
venait de terminer ses travaux lors de mon arrivée.

De Jénéïen, la frontière nouvellement tracée se dirige vers le sud pour passer à Bir Zar et plus loin
entre les oasis de Tiaret et de Mchiguig, à l'ouest
de la localité importante de Sinâoun. A partir de Sinâoun la frontière prend une direction sud-ouest
constante ne laissant entre elle et les sables de l'extrême sud tunisien qu'un faible espace libre. La
dernière borne se trouve à quinze kilomètres à
l'ouest de Ghadamès ; au delà la frontière n'est plus
indiquée, les travaux de la commission devaient reprendre cet hiver pour poursuivre la délimitation
dans la direction du Fezzan, mais les derniers événe-

ments qui ont bouleversé le pays ont mis à néant ce
projet.

Notre guide Daou me raconte un soir une curieuse
anecdote concernant les travaux de la commission
mixte et qui dépeint bien le caractère oriental naïf
et insouciant mis en présence de notre bon sens
pratique et positif. C'est le récit d'un incident qui
s'est passé pendant la pose des bornes-frontières.

Les officiers chargés des travaux mettaient leur
amour-propre à reculer la frontière autant que possible chez leur voisin, et montraient un esprit de
conquête qui peut paraître déplacé dans une région
sans valeur, où il n'y a à partager que des sables et
des pierres. Il est en effet bien indifférent, ici, que
la frontière passe 10 kilomètres à gauche ou à droite
d'un point déterminé, cela n'augmente ni ne diminue la valeur ou la force stratégique d'un pays.
Mais on ne considérait pas les choses de cette façon.
En voici la preuve : après une journée passée à dis-
cuter, la commission décide de placer une borne à
une place qui devait satisfaire les deux partis. Le
soir les officiers retournèrent dans leurs tentes. Les
Turcs passèrent la nuit à narrer des contes et à boire
du thé. Le matin, fatigués, ils se levèrent fort tard.
Quel ne fut pas leur étonnement de constater que la
borne s'élevait déjà au milieu de la plaine. Leur
étonnement se changea bientôt en consternation lorsqu'ils s'aperçurent que la borne avait été reculée de
plusieurs mètres en deçà du point fixé la veille. Les
Tunisiens avaient profité du sommeil de leurs collègues et s'étaient empressés dès l'aube de se mettre
à l'œuvre. Lorsque les Turs se réveillèrent ils furent
obligés de s'incliner devant le fait accompli. On

parle encore beaucoup de cet incident dans la région
frontière, incident qui, de loin, paraît bien mesquin,
mais qui là-bas, dans le désert, où l'esprit n'est pas
distrait comme chez nous par de multiples événements, prend l'importance d'une affaire d'État.

Les cartes de Tripolitaine indiquent dans la région
de Bir Zar de grands oueds qui se réunissent et
sont recouverts par les sables vers l'Ouest. Cette
topographie ne correspond nullement à la réalité.
Bir Zar est sur un vaste plateau formé de couches
alternantes de gypse et de calcaires presque horizontales, entaillées par des vallées plus ou moins
larges et de profondeur variable. Quand plusieurs
oueds se réunissent ils donnent naissance à de
vastes plaines.

Nous passons à Bir Zar plusieurs semaines, occupés à des observations scientifiques et à des excursions. Le sol, autour du puits, est formé par du gypse
sur lequel la végétation est presque nulle, aussi
nos chameaux sont-ils obligés de se rendre assez
loin pour trouver les herbes nutritives qui poussent
sur les roches calcaires environnantes. Le simoun
souffle avec rage pendant presque tout notre séjour et le sable pénètre dans nos tentes par les
plus petits interstices : il nous rend la vie intolérable. La nourriture est imprégnée de ces petits
grains de quartz qui craquent sous nos dents.
Même pour boire il faut prendre des précautions ;
car à peine le verre est-il plein d'eau, qu'une couche
de sable flotte sur la surface du liquide tandis que
les grains plus gros vont au fond du récipient.

Les ouragans de sable sont une des choses les
plus pénibles à supporter dans le désert. L'air en

mouvement énerve et fatigue l'individu. La nuit
même n'apporte pas le repos nécessaire car les
tentes fortement secouées risquent à chaque instant
d'être arrachées par les efforts répétés et continuels
des rafales.

Pendant notre séjour à Bir Zar, un incident qui
aurait pu avoir des suites tragiques mit en émoi les
membres de l'expédition.

Le chaouch Sadok qui s'était éloigné de quelques
centaines de mètres du campement ne trouva plus
sa route pour y revenir. Trompé par l'uniformité du
paysage, il prend une fausse direction et s'éloigne
des tentes au lieu de s'en approcher. Après avoir
marché quelque temps, l'émotion s'empare du
pauvre homme. Découragé, il continue cependant à
cheminer au hasard jusqu'à la nuit. Il n'aperçoit
aucune trace d'habitation. Seul au milieu du désert
il est complètement perdu. Soutenu par la force du
désespoir il erre encore deux jours et deux nuits,
tantôt brûlé par les rayons du soleil, tantôt, la nuit,
transi de froid. Le troisième jour, exténué, c'est à
genoux qu'il se traîne misérablement au fond des
oueds déserts. Mais les forces l'abandonnent, et il
s'affale au pied d'une petite colline. Sa perte est
certaine et il semble que le hasard, si prodigieux
soit-il, ne peut le sauver.

Le salut apparaît cependant à l'horizon sous
forme d'un petit point noir qui se meut lentement,
approche et grossit insensiblement. C'est un jeune
Berbère au corps amaigri, à peine vêtu d'une gue-
nille blanche. A califourchon sur son âne, qui trotte
au milieu des oueds, il se dirige sans hésitation
vers un but déterminé ; à la bifurcation des deux

vallées il paraît hésiter, mais franchement, comme dirigé par une inspiration, il s'élance dans le ravin où notre pauvre zaptié gît. L'enfant chemine allègrement, insouciant, heureux dans tout l'épanouissement que la liberté donne à l'homme, lorsque son attention est attirée par quelque chose d'insolite, masse informe qui gît inerte non loin de lui. Intrigué, il s'approche et reconnaît à l'uniforme un soldat islamlis. Il hésite, encore sous l'influence des haines ancestrales, il est tenté de piller ce zaptié sans forces et de l'abandonner à son triste sort.

Pauvre, ce serait une bonne aubaine pour lui ! Mais la reconnaissance est plus forte que les sentiments héréditaires des anciens vaincus des Turcs. Il songe à sa mère, à son père, à ses sœurs, qui ont reçu des secours du gouvernement ; par reconnaissance, l'enfant sauvera la vie du gendarme, le représentant de ses bienfaiteurs. Dès ce moment, le sort de Sadok est décidé.

L'enfant appartient à une tribu de nomades, campée dans les environs ; il comprend immédiatement que le zaptié accompagne les roumis installés à Bir Zar. Doucement il saisit le héros du Yemen, l'attache sur son âne, et nous le ramène évanoui.

Le retour du chaouch fut un événement car nous n'avions plus l'espoir de le revoir. Nous avions battu le pays en tous sens, sans trouver un seul indice favorable. A son arrivée ses subordonnés s'empressent, nous le soignons aussi bien que nous le pouvons et nous sommes heureux de voir qu'il revient à la vie. Quelques jours de repos le remettent tout à fait sur pied et il nous raconte alors dans ses

détails l'aventure qui a failli se terminer si tragique
ment. C'est d'après son récit que j'ai pu reconstituer facilement la scène ci-dessus.

Un seul d'entre nous ne paraît pas satisfait du
dénouement heureux de l'incident. C'est le zaptié
Mustapha. Il espérait bien que si son chef n'était
pas revenu ce serait lui qui serait nommé à sa
place ! Encore cette fois Mustapha n'obtenait pas
les galons qu'il convoitait depuis longtemps et il
maudissait sincèrement le hasard qui avait ramené
le chaouch au campement.

Une aventure du même genre m'arriva un jour
qu'accompagné d'Hamed et d'un zaptié, j'avais été
excursionner jusque près de Jénéïen à 25 kilomètres
au nord de Bir Zar, mais nous fûmes sauvés par le
flair de mon petit cheval arabe du nom de Sucre
qui nous ramena au campement.

Nous avions été surpris par la nuit et il devenait
impossible de distinguer quoi que ce soit parmi les
monticules informes. Je galopais au hasard sans
direction précise, mes deux compagnons hissés sur
leur unique chameau le frappaient à grands coups
et je les voyais comme une ombre fantastique, glisser sur la plaine ondulée. Je n'osais leur faire part
de ma perplexité et de la conviction où j'étais que
nous serions obligés de passer la nuit à la belle
étoile. Nous avancions lentement, mon cheval était
fatigué, et butait à chaque pas. Au moment où,
découragés, nous allions nous arrêter et chercher
un gîte parmi les roches environnantes, Sucre, mon
cheval, partit d'un pas assuré, droit devant lui.
Étonné, je le laissai faire, ayant comme un vague
pressentiment que ce changement d'allure était fa-

vorable. Hamed et le zaptié firent des objections pour continuer dans la nuit une randonnée qui pouvait mal finir. Mais enfin ils me suivirent. Mon cheval se mit à trotter vivement. Soudain, après avoir contourné un éperon montagneux, je vis devant nous une grande lueur, c'était notre campement : nous étions sauvés. Sucre nous avait conduits à un but éloigné de plus de vingt kilomètres. Je trouvais au campement mes collègues en émoi, car ils craignaient déjà une aventure semblable à celle du chaouch et dont le dénouement aurait pu être moins heureux.

Quelques jours après, je quittai Bir Zar pour le sud, accompagné de Mustapha et du guide Daou. Par suite de circonstances spéciales, je suis obligé de laisser le gros de la caravane à Bir Zar. Mes collègues me rejoindront plus tard lorsque le moment en sera venu.

Vêtu du burnous, avec peu de bagages, je pourrai plus facilement observer sur le vif la vie indigène des populations chez lesquelles j'allais vivre.

Le soir du premier jour nous arrivons près d'un campement de Bédouins. Les chiens kabyles qui servent à garder les troupeaux, sautent après nos bêtes et font entendre leurs aboiements désagréables. Cinq ou six petits gamins se précipitent et nous en délivrent. Un vieux Berbère s'approche et nous échangeons les saluts d'usage. Il m'offre une tente pour passer la nuit. J'accepte avec plaisir. Aussitôt les membres de la tribu viennent prendre mon cheval, le dessellent et lui donnent de l'orge. Le chef vide entièrement une tente pour mon usage et prépare une place digne de me recevoir. Daou et Mustapha étendent une couverture tandis que l'on allume le feu pour préparer le thé. Les femmes, habillées de leurs mantes bleues, apportent des ustensiles primitifs et des excréments desséchés de chameaux qui remplacent ici le bois.

Pendant tous ces préparatifs, j'observe mes hôtes.

Les femmes vont et viennent devant moi. Leurs mantes ne laissent voir qu'imparfaitement leurs figures, mais de temps en temps un mouvement écarte leurs voiles et je puis apercevoir le visage. La couleur en est brune, le teint mat, les cheveux noirs. Elles portent des tatouages curieux qui varient du reste suivant les régions, mais qui sont placés, dans une même tribu, toujours aux mêmes places. Les femmes de cette tribu ont une large ligne bleue qui joint la lèvre inférieure au menton. Une sorte d'étoile est dessinée à l'extrémité du nez. Sur les joues, sur le front, des lignes bizarres et des points bleus. La figure est fine, la ligne en est pure. Le nez long, droit ou parfois un peu relevé à l'extrémité, les yeux bleus. L'expression du visage est agréable et douce, chez les jeunes filles ; mais la figure se fane prématurément. La femme est mariée à douze ou quinze ans et à partir de ce moment elle vieillit très vite.

Les hommes présentent le vrai type berbère, le visage long, maigre, les yeux bleus perçants, la barbe et la moustache taillées courtes, rasées autour de la bouche, les cheveux complètement rasés.

Les tentes où nous avions élu domicile sont faites en poils de chameaux. Très épaisses, elles préservent, au milieu du jour, beaucoup mieux de la chaleur que celles en toile blanche. Deux piquets, au

milieu soutiennent le faîtage, l'étoffe est tendue par
des cordes attachées à des chevilles,

Pendant que je les observe ainsi, les Bédouins
ont terminé les préparatifs pour me recevoir. Je
m'accroupis à leur côté auprès du feu, sur lequel la
bouillotte chante déjà. Le chef de la tribu est entouré
de tous ses parents, frères et beaux-frères, fils,
petits-fils. La nuit est venue, et toutes ces têtes
éclairées par les flammes vacillantes du feu pro-
jettent sur la toile de la tente des ombres fantastiques. Nous nous regardons curieusement tout en
buvant du thé et en fumant des cigarettes. Mais
peu à peu la confiance vient et le chef me répond
de bonne grâce aux questions que je lui pose sur
la tribu.

Cette tribu possède une centaine de moutons et
de chèvres, des chameaux, des ânes et des chevaux.
Elle est toujours en route à la recherche d'herbages pour nourrir les bêtes. Depuis quelque temps
la tribu s'est fixée dans l'oued de Beladam après
avoir parcouru les territoires immenses de Ghadamès, jusqu'au Fezzan, s'établissant partout là où
elle trouvait pour les animaux une nourriture suffisante.

Le chef m'explique la curieuse coutume qui règle
la propriété du pâturage. La tribu qui s'établit sur
un pâturage en acquiert en quelque sorte la propriété et une autre tribu n'a plus le droit d'y camper.
Il y a concession accordée, pour un certain temps
du moins, aux premiers arrivants. Cette habitude a
été cause d'incidents innombrables et souvent les
luttes entre tribus n'ont pas eu d'autre origine que
la violation par l'une d'elles de la coutume admise

depuis longtemps. Supposons qu'un groupe de nomades ne trouve pas de bons pâturages; les Bédouins cherchent à s'installer *manu militari* dans une concession déjà occupée. Le chef de la tribu dont le pâturage est envahi résiste. Une lutte à outrance s'engage et l'un des deux groupes doit succomber. Les victorieux, augmentés du butin de la tribu vaincue, s'établissent définitivement sur le pâturage.

Pendant que le chef me raconte ces coutumes, les femmes nous apportent le couscous et d'autres mets nouveaux pour moi.

Nous trempons dans une sauce brunâtre fortement pimentée des galettes. Le goût en est excellent, mais il faut une certaine habitude pour plonger sans dégoût les mains dans la sauce qui remplit le bol commun.

Tout en mangeant, mes hôtes me questionnent à leur tour. Ce qui les intéresse surtout ce sont les armes, car l'Arabe a la passion du fusil. Je les étonne beaucoup en leur apprenant que je n'en ai pas. Et pour flatter leur esprit chevaleresque je leur fais comprendre que j'estime trop les Bédouins du désert pour croire qu'ils attaqueraient un homme qui ne peut pas se défendre. Le chef paraît très touché de mes paroles et m'affirme que je puis avoir une confiance entière en sa tribu et en toutes celles de la région. Ils n'assassinent jamais des gens désarmés qui se sont fiés à eux; chez les Bédouins, c'est nous qui avons une mauvaise réputation.

Je me suis toujours bien trouvé de me fier aux indigènes. Au Soudan, j'ai traversé des territoires révoltés, seul, accompagné d'un domestique nègre;

lorsque j'arrivais dans les villages, il se trouvait toujours quelqu'un pour m'offrir une place dans sa case.

Non armé, j'inspirai confiance, et il ne m'est rien arrivé de fâcheux. On m'a traité parfois d'imprudent. Cependant ce sont les explorateurs qui ont voyagé armés jusqu'aux dents qui ont toujours rencontré des difficultés. Ces explorateurs se méfient des indigènes, montrent ostensiblement leurs armes et font mine de s'en servir à la première désobéissance. Il est bien naturel que l'indigène résiste, mais si au contraire on se confie simplement à ces êtres naïfs et primitifs, ils vous savent gré de l'estime qu'on leur montre. Dans chaque village, traversé, que ce soit chez les peuples du Soudan, ou chez les pauvres Berbères de la Tripolitaine, j'ai partout laissé des amis dévoués.

Les natures primitives sont fières et ont un sentiment de justice qu'il est impossible de ne pas admirer. Ce n'est pas dans notre vieille Europe civilisée, que j'aurais pu ainsi pénétrer confiant chez le premier venu et me reposer en sécurité. Il y a bien des chances pour qu'à mon réveil je me sois trouvé dépouillé ; c'est un des moindres maux qui pût m'arriver. Les populations sauvages qui ne connaissent pas les misères de chez nous, qui ne sont pas fatiguées par un travail intense ont gardé l'esprit chevaleresque des ancêtres. Chez les peuples civilisés, la lutte pour la vie devenant trop forte pour leurs forces, a aigri et avili le caractère au lieu de l'élever. On est certainement beaucoup moins en sécurité dans les grandes villes d'Europe que dans n'importe quelle région éloignée de l'Afrique.

Je ne nierai pas les attentats des indigènes africains, mais c'est presque toujours à la suite d'excès commis par des conquérants brutaux, qui ont voulu imposer leur volonté par la force.

Le caractère du nègre, du Berbère, est semblable à celui d'un enfant. Le nègre est un petit enfant, doux, docile, que l'on peut manier facilement si on sait le prendre; l'Arabe et le Berbère ont l'esprit violent, ce sont des enfants turbulants, mais animés de nobles sentiments.

La soirée sous la tente avance, je me suis roulé dans mon burnous, et j'entends comme dans un rêve, les voix éclatantes parfois de mes hôtes qui causent avec Mustapha et Daou. L'un après l'autre ils se couchent sur le sol, à côté de moi, enveloppés dans leurs couvertures. Le vieux chef reste seul encore éveillé, je vois sa noble tête de vieillard énergique éclairée par les dernières lueurs du feu mourant. J'entre moi-même dans l'irréel du rêve. Une vision se dessine; seul, prisonnier de ces nomades aux mœurs réputées si sanguinaires, je suis isolé dans le désert immense à leur merci. D'atroces tourments hantent mon esprit. Abandonné, j'erre mourant de faim et de soif, otage sacrifié à la vengeance des musulmans contre les chrétiens. Combien dura ce supplice, je ne saurais le préciser. L'horreur de ma situation me réveille brusquement. Levant légèrement la tête je vois, par l'orifice de la tente, la pâle lueur de l'aube naissante éclairer la plaine aride. Mes compagnons roulés à mes côtés dans leurs couvertures ne bougent pas; il s'échappe de ces masses informes des ronflements sonores.

Mais il est temps de nous préparer, la journée sera

longue et fatigante. J'appelle Mustapha, qui réveille
de mauvaise grâce les Berbères. Ils sellent mon cheval et mettent sur les deux chameaux nos légers
bagages. J'aurais voulu récompenser le vieux chef,
mais Mustapha me prévient à temps de ne pas froisser le vieillard par un don qu'il aurait considéré
comme une offense.

Je ne puis que remercier sincèrement le Berbère
de son hospitalité. Il s'excuse de ne pas m'avoir
mieux reçu, dans ce désert où il n'y a rien, mais il
a fait tout ce qui était en son pouvoir pour me recevoir dignement.

Après avoir quitté les Bédouins, nous cheminons
lentement, un peu transis par la fraîcheur du matin,
lorsque soudain Mustapha, qui, accroupi sur son
chameau, somnolait doucement, est réveillé de la façon la plus rude. Le chameau vient de buter contre
une grosse pierre, et tombe brutalement à terre,
lançant Mustapha plusieurs mètres en avant, au
risque de le tuer. Mustapha, son bel uniforme déchiré, tout endolori, se relève furieux et veut placer
une balle de son revolver dans le cœur du méchant
animal qui, n'aimant pas les soldats, a voulu se débarrasser de lui. J'ai beaucoup de peine à calmer sa
fureur, et l'engage à relever son chameau et les bagages épars. J'essaie de lui faire comprendre que ce
qui est arrivé est de sa faute, car si au lieu de dormir, il avait un peu stimulé sa bête elle n'aurait pas
buté. Mustapha n'est nullement convaincu, et il se
vengea en frappant son chameau pendant tout le reste
de la journée, à tout propos.

Nous nous élevons insensiblement dans l'Oued
Massim pour atteindre un col élevé qui domine une

vallée immense ayant son origine à Nalout. C'est l'Oued Girgir, large de trois à quatre kilomètres. Il nous semble dominer un fleuve aux dimensions colossales. Les bords en sont presque verticaux ; vers l'Ouest comme vers l'Est, je le vois qui serpente et se perd à l'horizon. Spectacle grandiose, mais désolé par l'absence de tout mouvement. Pas d'arbres, pas d'animaux, pas le plus petit ruisselet d'eau ne viennent animer la scène.

Tantôt traversant de nouveaux oueds, tantôt escaladant les pentes rocheuses des rives abruptes de ces fleuves desséchés, nous cheminons douze heures sans nous arrêter. De grandes cuvettes unies sont constellées de cristaux de sel qui craquent sous les pieds de nos bêtes. A la fin du jour, Daou me signale dans le lointain une vague teinte verdâtre se fondant avec la couleur terne et grise de l'immensité. Ce sont les palmeraies de Sinâoum, le chef-lieu d'un territoire considérable.

Le but aperçu nous redonne du courage ; nos chameaux peu chargés avancent rapidement. Mais nous étions loin d'être arrivés ; quelle ne fut pas notre déception, lorsqu'il fallut descendre dans de nouveaux oueds, escalader de nouvelles collines. Harassés, nous désespérions d'arriver jamais, lorsqu'après un dernier effort, nous vîmes Sinâoum à quelques kilomètres devant nous.

CHAPITRE IV

LES OASIS DE SINÂOUM ET DE CHAOUA

Arrivée à Sinâoum. — Le cheik. — Hôtes encombrants. — Le réveil.
— Chez le directeur des Postes et Télégraphes. — Le télégraphe
en Tripolitaine. — Imagination orientale. — La vie du Moudir. —
Ex l des fonctionnaires. — Le médecin major en mission. — L'oasis
de Châoua. — Administration. — Propagation des nouvelles dans le
désert. — Le brigadier. — Les jardins. — Les sables envahisseurs.
— Diminution du nombre des jardins et de la population. — Irrigation des palmeraies. — Sources et puits. — Palmeraies enfouies
sous les sables. — La vieille tour. — Paysage de mort. — La race
indigène. — Son attrait sympathique. — Sur les terrasses. — Le
conte de la gazelle. — Le nègro. — Un esclave volontaire. — Sur
l'El-Gara. — Combat de frontière. — Les fours à plâtre. — Visite
imprévue et agréable. — Arrivée de la caravane. — Discussion. —
Rivalité de nos zaptiés.

Nous arrivons près des maisons carrées de Sinâoum, qui au milieu des palmiers et des jardins de
l'oasis occupent le bord relevé d'une vaste plaine.
A notre gauche, un ancien château dresse ses forteresses démantelées. Un Arabe vêtu d'un somp-
tueux burnous s'avance. Je mets pied à terre et
lance les rênes de mon cheval à un domestique.
Je suis en présence du cheik qui représente le gouvernement à Sinâoum. Il me souhaite la bienvenue
et me félicite de mon courage de voyager seulement
avec un zaptié et un Arabe dans le pays. Je lui fais

part de mes impressions et il est heureux de voir
qu'un étranger a pu se rendre compte des efforts du
gouvernement pour rendre le pays absolument sûr.
Le cheik est cependant de race berbère. Il savait que
je passerais à Sinâoum, aussi, depuis plusieurs jours
une maison est prête pour me recevoir. Je le suis
et nous pénétrons dans une allée qui aboutit dans
une cour intérieure. Un escalier me conduit à une
chambre éclairée par une petite fenêtre grillée. Le
cheik me quitte non sans me laisser deux soldats
qui me serviront de domestiques.

Tandis que Mustapha et Daou préparent le dîner,
j'escalade un parapet extérieur et grimpe sur le toit.
D'autres toits contigus forment une terrasse. Mon
regard plonge dans les cours intérieures. Des coupoles arrondies dominent les terrasses; ce sont les
habitations des marabouts.

C'est l'heure de la prière et tandis que le soleil
baisse à l'horizon les prêtres, ressemblant à de
grands fantômes blancs, adressent leurs appels. Ma
vue se repose agréablement sur la couleur verte des
dattiers, car voilà plus de trois semaines que je n'ai
pas contemplé de végétation. Les palmiers entourent l'oasis comme une auréole. Mais au delà de
ce cercle restreint, aucune végétation.

Je redescends de mon observatoire et rentre dans
la chambre où Mustapha a tout préparé. Les couvertures sont installées et m'invitent à prendre quelque repos après une journée aussi fatigante. Mais
je suis à peine endormi qu'un bruit de voix me réveille subitement. C'est le cheik qui vient me rendre
visite, il s'assied sur les couvertures à côté de moi.
Ce brave homme est si heureux de me voir qu'il

veut passer toute la nuit en ma compagnie. Je frémis à cette idée, car je ne puis plus tenir les yeux ouverts. Je fais part au chcik de ma fatigue, mais rien n'y fait ! il considérerait comme une offense de s'en aller. Malgré tous mes efforts pour combattre le sommeil, je m'assoupis et m'endors. Mustapha se charge de remplir les tasses de thé et de rouler des cigarettes pour mon visiteur. Je ne sais combien de temps nous restâmes ainsi, mais à un moment donné je me sentis secoué violemment. J'ouvris les yeux. Au milieu de notre chambre remplie de la fumée des cigarettes du cheik, je distingue un Turc coiffé de son fez et habillé d'une belle redingote. C'est le directeur des Postes et Télégraphes. Dès qu'il a appris mon arrivée, il s'est précipité pour me saluer, et me conduire dans sa maison, où il m'a préparé son propre lit. Il m'exhorte à ne pas rester une minute de plus dans le taudis infect que le cheik m'a donné. Je n'ai aucune envie de déménager au milieu de la nuit. J'essaie de lui faire comprendre que je me trouve fort bien là où je suis, et qu'il m'est impossible vis-à-vis du cheik d'abandonner la maison qu'il m'a offerte. Le directeur paraît très désolé de ma résolution, mais il a tant de plaisir à me voir qu'il passera la nuit à causer avec moi. Encore un ! Quel supplice j'endurais. Je fis de mon mieux pour recevoir ces visiteurs ; j'essayai de tenir les yeux ouverts, mais ce fut en vain. Je m'allongeai doucement, insensiblement, et m'endormis. C'était sans doute répondre bien mal à l'amabilité des notabilités de Sinaoum ! Mais qu'y faire, la nature était plus forte que ma volonté.

Les rayons du soleil qui pénétraient à travers la

petite lucarne grillée me réveillèrent. Quel spectacle,
grand Dieu ! Une fumée épaisse emplissait la petite
chambre. Mustapha s'était endormi, renversant dans
ses rêves la théière, culbutant une jarre pleine
d'eau. Le cheik dans un coin, roulé dans son burnous, faisait entendre de violents ronflements. Le
directeur des Postes tombé à la renverse après
avoir vidé une bouteille de cognac avait encore à la
bouche sa cigarette éteinte. Sa belle redingote, si
propre la veille, était toute maculée par les liquides
qui avaient coulé. Son aspect était misérable. On se
serait cru au lendemain d'une orgie. Le spectacle
était écœurant.

J'eus beaucoup de peine à réveiller mes compagnons, mais à force de frapper à tour de bras sur
les corps inertes j'y parvins.

J'avais à expédier mon courrier, aussi je promis
au directeur de la Poste de me rendre chez lui quelques instants plus tard.

Sinâoum est composé de plusieurs oasis très rapprochées les unes des autres. J'étais à In-Ali, la
Poste se trouve dans la palmeraie de Gazer-Fougami,
à un kilomètre à l'ouest. Ces oasis sont situées sur
les bords d'une vaste plaine qui s'étend au nord et
au nord-est des palmeraies. Vers le sud le pays
s'élève, des montagnes tabulaires surplombent
l'oasis. Pour me rendre de In-Ali à Gazer-Fougami
il faut traverser des ravins profonds. Un Arabe me
conduisit à la poste. Il me guida au milieu d'un
amoncellement de ruines jusqu'à une sorte de coupole du plus pittoresque aspect. C'est le bureau
des Postes et Télégraphes de Sinâoum.

Je pénètre dans le sanctuaire qui renferme le

seul témoin de la science contemporaine dans ce désert. Le fil qui en part nous unit au monde civilisé. Le lieu est étrange, on se dirait dans le repaire d'un savant du moyen âge, tellement le décor de la salle est original. Elle est toute petite, voûtée. Sur des colonnes, des sculptures étranges, et en haut dans la coupole des signes et des inscriptions cabalistiques. Des dessins rudimentaires dans leur primitive conception représentant des scènes où les animaux jouent le rôle principal. Il me semble reconnaître dans ces caricatures des gazelles aux membres élancés, des chameaux courant dans le désert, des chevaux galopant. Le silence est seul troublé par le stylet d'acier du récepteur qui frappe à coups irréguliers contre la vieille boîte de conserve. Le télégraphiste accroupi devant son appareil transcrit la dépêche. Je n'ose le déranger, j'attends qu'il ait terminé. Une table occupe le milieu du bureau. Surchargée de papiers, elle démontre l'activité déployée. Des documents épars dans le plus grand désordre remplissent tous les coins.

Contre le mur, j'examine une grande carte de l'Empire ottoman qui indique les lignes postales et télégraphiques. Le fil s'arrête pour le moment à Sinâoum, mais le secteur de Sinâoum à Chadamès est actuellement en construction. Il sera terminé d'ici peu.

Les lignes télégraphiques de la Tripolitaine sont bien construites. Dans un pays balayé par des ouragans violents une grande partie de l'année, les communications ne sont presque jamais interrompues. Ceci est surtout dû en bonne part à la construction rationnelle des poteaux qui supportent les fils. Ces poteaux doivent remplir des conditions très définies : pouvoir être facilement transportables à dos de chameaux, et offrir une grande résistance, qu'ils soient fixés soit dans un sol mouvant, soit dans un sol rocheux. Le problème était difficile, mais fut résolu d'une façon satisfaisante par une maison de Londres. Les poteaux de fer sont en trois parties. Une grande plaque de base en fonte d'un mètre carré est enfouie dans le sol; sur elle est boulonné un support tubulaire à l'intérieur duquel on enfile une tige supérieure qui mince et légère est facilement transportable. On comprend alors la stabilité d'un pareil système. La plaque de base, recouverte de pierres, offre aux efforts latéraux une très grande résistance.

Dans tout mon voyage je n'ai pas vu un seul de ces supports renversé par les ouragans.

Je suis tiré de mes réflexions par l'arrêt du stylet; je me retourne et m'excuse auprès du directeur de l'interrompre dans son travail. Mais j'ai de la chance, il recevait justement un télégramme pour moi. Le maître de céans me donne son fauteuil le plus beau qui consiste en une caisse munie de rebords. Un serviteur nous apporte la traditionnelle tasse de café.

L'on comprend aisément la joie de ces fonctionnaires lorsqu'ils voient arriver un étranger. Dans ces coins perdus, sans aucune distraction, les employés du Gouvernement subissent un exil douloureux. C'est la vision du rivage, ce sont les images des rues animées de l'Orient, qu'apporte le voyageur aux pauvres délaissés.

Le télégraphiste me pose questions sur questions

auxquelles je m'efforce de répondre de mon mieux.
Je m'aperçois que mon trop fidèle interprète me fait
alors passer pour un Turc, qui élevé à Paris depuis
son jeune âge ne sait que le français. L'idée est
originale, banale, mais elle amène une foule de questions sur les pachas de Stamboul auxquelles Mustapha répond à ma place sans hésitation.

Je me sens quelque peu gêné d'être obligé de jouer
une comédie aussi ridicule, mais je dois passer par
où en veut mon interprète, car lorsque je le prie de
cesser cette confusion il refuse obstinément. Mustapha me répond simplement que cela ne porte pas
à conséquence de mentir, car on part ici du principe que personne ne dit la vérité.

De cette façon, on a beaucoup d'agrément dans la
conversation, car on peut évoquer les images les plus
fantaisistes et les contes les plus burlesques, sans
être retenu dans les descriptions par les frontières
étroites de l'austère vérité.

Nous causons donc beaucoup pour rien du tout.
Un des principaux soins des fonctionnaires est de
« passer le temps »; c'est difficile dans le désert, car
les distractions sont rares.

Le directeur me raconte toute sa vie; et je dois la
subir dès son enfance, ce qui est long. Élevé à
Smyrne, il avait obtenu dans une petite ville des
côtes de l'Anatolie un emploi dans le bureau des
Postes. Il n'avait pas beaucoup à faire, et il occupait
ses loisirs à la pêche. Il imagine un jour avec quelques amis de pêcher dans une rivière et d'employer
pour cela plusieurs cartouches de dynamite. Une
fois sur l'embarcation, le moudir en pred une et l'allume, mais la mèche brûle trop vite et il n'a pas le

temps de lancer la cartouche dans l'eau. Elle lui
éclate dans les mains. Il eut le bras droit horrible-
ment mutilé. Transporté à l'hôpital, on doit l'ampu-
ter. C'était un rude coup pour ce malheureux. Lorsqu'il sortit de l'hôpital, sa place était prise ! Il fit de
nombreuses réclamations pour demander une indemnité, car il prétendait avoir perdu son bras au
service du Gouvernement. La revendication n'est
naturellement pas admise. Cependant il peut prouver qu'il est encore capable, malgré son infirmité,
d'écrire et de télégraphier avec la main qui lui
reste.

A cette époque, le télégraphiste de Sinaoum, devenu fou dans cette solitude où seules les natures
fortement trempées peuvent résister, est obligé
d'abandonner son poste.

Le Gouvernement envoie alors notre homme à
Sinaoum pour le remplacer. Il part avec joie, car il
est sauvé de la misère, mais il est bien vite déçu
lorsqu'après avoir cheminé des journées entières il
aperçut la petite palmeraie qui fut dès lors sa prison et son lieu d'exil.

Depuis plusieurs années il végétait ici, ayant
toujours rempli son devoir et espérant une mutation.
Ses réclamations restèrent sans réponse. Si le Gouvernement devait tenir compte des suppliques de
tous ces exilés il n'y pourrait parvenir. La nostalgie
des belles villes populeuses du Bosphore et des
rives ensoleillées de l'Anatolie les obsède. C'est
souvent pour ces fonctionnaires un sépulcre que ces
séjours au loin. Au bout de quelques années ils n'ont
plus d'espoir de revoir leur patrie, ils ont rarement
des congés réguliers et ne peuvent abandonner leur

poste. Ceci fera comprendre dans quel état d'esprit
on les trouve et pourquoi ils se cramponnent, avec
l'acharnement du désespoir, au voyageur qui passe
dans leur contrée. Ce voyageur est un représentant
du monde civilisé et le fonctionnaire espère toujours
de son intervention pour obtenir quelque chose.
Dans leur imagination ces fonctionnaires revêtent
celui qui passe des pouvoirs les plus puissants.
L'explorateur doit comprendre cet état d'âme et
ne point décourager ces exilés par une impatience
qui les désolerait. Mais harassé par la fatigue d'un
long voyage, il faut parfois beaucoup d'efforts pour
ne pas envoyer au diable ces quémandeurs pour
lesquels on ne peut rien. Le moudir me demande
d'intervenir pour lui, il aimerait retourner en Anatolie dans un poste plus agréable. Je suis obligé, bien
malgré moi, de lui promettre tout ce qu'il veut et il
me dit qu'il suivra en pensée avec anxiété mon
voyage. Chaque étape plus avancée sera dans son
esprit un pas vers la délivrance. Je pense encore
maintenant à la déception qu'il a eue lorsqu'il n'a
reçu aucune nouvelle de changement.

Mustapha et le moudir m'accompagnent au Ksar
qui domine Sinaoum. C'est un bâtiment assez vaste,
de moins grande dimension que celui de Nalout.
On m'introduit dans une petite chambre, sorte de
niche creusée dans la formidable épaisseur des
murs. Tout autour de la salle sont placés des divans
recouverts de tapis. A mon entrée un officier se lève
et me témoigne les signes de la plus vive amitié. Il
s'exprime en français excellent. C'est le médecin
major docteur Orhane venant de Tripoli et se rendant
à Ghadamès pour la visite sanitaire des recrues ber-

bères de ce district. Un accident l'a immobilisé ici. Il me le raconte dans une langue colorée après que j'eus pris place à côté de lui sur le divan. Il avait parcouru tout le Djebel sur son chameau sans incident, accompagné seulement d'un chamelier. Tout alla bien jusque près de Sinâoum, mais à quelques kilomètres avant d'y arriver, son guide se mit à s'entretenir avec son chameau dans une langue que le major ne connaissait pas. Le chameau buta alors sur un rocher de la piste et tomba lourdement lançant son cavalier sur le sol. Le docteur Orhanc se fit une forte contusion au genou qui enfla énormément. Il fut obligé de rester plusieurs jours à Sinâoum pour se reposer. Le major m'explique l'accident comme un complot tramé entre le chamelier et sa bête. Le Berbère qui détestait les militaires avait dit au chameau de le jeter à terre pour le tuer. Le chameau antimilitariste comme son maître s'était exécuté; mais par bonheur l'officier ne s'était fait que fort peu de mal dans une chute qui aurait pu être grave.

Sitôt arrivés à Sinâoum, chamelier et chameau avaient disparu. Depuis plusieurs jours le major cherchait un Arabe voulant l'accompagner vers le Sud, mais ces coquins s'étaient donné le mot et tous refusaient. Aussi fallut-il des soldats pour réquisitionner hommes et bêtes.

Tandis que le major me racontait ses malheurs, un officier subalterne frappa à la porte. Il amenait un Berbère avec son chameau. A la vue du Berbère le major lui fit subir un véritable interrogatoire agrémenté des injures les plus véhémentes.

Le Berbère, grand, sec, sournois, promit tout ce

que le major lui demandait et se retira pour aller
chercher son chameau. Mais au lieu de revenir il
disparut aussitôt. Le major, petit, gros, a la bonne
figure épanouie d'un homme heureux de vivre et
colérique. Il se mit dans une fureur terrible, en
apparence du moins. Brandissant son revolver il en
menaçait tout le monde arabe qui se coalisait contre
ses dignités d'officier supérieur et l'empêchait d'accomplir sa mission.

Je souhaite un bon voyage à mon nouvel ami. Je
le quitte avec l'espoir de le rencontrer bientôt.
Comme nous faisons la même route, il est très probable que nous nous reverrons d'ici peu.

Rien ne fait plus plaisir que de rencontrer dans
ces coins retirés des hommes cultivés. Or le Turc
d'une certaine condition a l'esprit large et les idées
modernes. Il reçoit avec une cordialité et avec une
amabilité grâce auxquelles on se sent tout de suite
à l'aise. Ce sont des caractères sympathiques au
plus haut degré et ils ne ménagent pas leurs peines
pour rendre des services en cas de besoin. On peut
compter sur leur parole et se fier à eux entièrement.

Le lendemain, de bonne heure, je quittai définitivement Sinaoum, en pénétrant dans un large oued au
Sud, qui entame le plateau auquel l'oasis est ados-
sée. Nous suivons cet oued jusqu'à la source d'El
Ouadi, mince filet d'eau qui s'échappe d'une fissure
du rocher à l'ombre d'une demi-douzaine de palmiers. Nous nous élevons alors à partir de cette
source sur les parties supérieures du vaste plateau ;
encore quelques oueds à traverser et au bout d'une
heure nous nous trouvons dominant une plaine immense qui s'étend au loin vers l'Ouest.

Une ligne de palmiers au bord de la falaise, en contre-bas des montagnes tabulaires qui limitent vers l'Est la plaine, se détache nettement. Les palmiers s'étendent sans interruption sur une longueur de plus de deux kilomètres suivant une direction Est-Ouest. C'est dans la partie Ouest que se trouve le village de Châoua, que nous atteignons après avoir traversé un grand nombre de jardins. Mustapha appelle un Berbère accroupi contre le mur d'une maison en ruine et lui demande si nous pouvons loger quelque part. Le Berbère, sans répondre, s'en va par une ruelle étroite, et nous attendons au moins une demi-heure son retour.

Enfin il réapparaît, accompagné d'un habitant de l'oasis, qui met sa maison à ma disposition. Je le suis; il me conduit dans une ruelle sombre; nous tournons plusieurs fois pour arriver devant une porte ogivale donnant entrée à un long boyau. Nous pénétrons dans cet antre à la file indienne et débouchons dans une cour spacieuse et vaste.

Au rez-de-chaussée de l'habitation qui m'est offerte, il y a plusieurs chambres et une écurie. Le Berbère me donne une de ces chambres, qu'il débarrasse entièrement. Mon cheval est mis dans une écurie à côté. Dans un coin de la cour s'ouvre un puits, au fond duquel croupit une eau sale.

Mustapha m'appelle, il est déjà installé dans notre chambre obscure. Je m'assieds tant bien que mal sur les couvertures, qui ne sont malheureusement pas assez épaisses pour atténuer les dures aspérités du sol.

Châoua dépend, au point de vue administratif, de

Sinaoum. Il n'y a qu'un cheik, choisi par les notables
de l'endroit, qui rend la justice et perçoit les impôts, bien faibles du reste. Une douzaine de zaptiés
placés sous l'autorité d'un brigadier de gendarmerie
a pour mission de faire régner la paix parmi les
habitants et de les protéger contre les pillards du
désert, qui deviennent du reste de moins en moins
nombreux. Les zaptiés sont montés sur des méha-
ris et ils sont astreints à des rondes fréquentes le
long de la frontière tunisienne, pour empêcher la
contrebande ou arrêter les pirates du Sud tunisien
qui cherchent à échapper aux goumiers. Il est certainement beaucoup plus facile à un de nos brigands
de traverser une de nos frontières en Europe qu'à
un Tunisien de s'évader de son pays par le sud.

Du reste, dans un tel pays où les lieux habitables
sont si rares et si espacés, il est bien difficile de
passer inaperçu. Les informations se propagent
dans le désert avec une rapidité foudroyante, souvent incompréhensible. C'est de tribu en tribu
que la nouvelle racontée le soir devant le feu se répand dans le pays, se déformant à mesure qu'elle
s'éloigne de son lieu d'origine et prenant peu à peu
la tournure et l'aspect d'une légende. Elle chemine
ainsi, rayonnant au loin dans l'espace du désert,
atteignant les oasis les plus reculées et les nomades
les plus disséminés.

Dans l'encadrement de la porte apparaît le brigadier de gendarmerie. Quel aspect! Son uniforme
tombe en lambeaux, ses coudes et ses genoux poin-
tus ont transpercé l'étoffe. Dépourvue de boutons
depuis longtemps, sa tunique est attachée avec des
lanières de cuir. Le dos n'existe pour ainsi dire

plus et les galons sont fixés tant bien que mal aux débris de l'étoffe recouvrant les épaules. Le pantalon trop court laisse dépasser la plus grande partie du mollet, recouvert seulement de quelques fils qui pendent lamentablement. Les souliers sont représentés par une paire de savates.

Mais ce qui donne une allure guerrière à ce soldat, digne d'un autre âge, c'est le sabre gigantesque qui pend à son côté. Car le brigadier fait partie de la troupe des méharistes qui portent le sabre maintenu horizontalement sur le chameau, la poignée en avant pouvant être facilement saisie en cas de besoin. On comprend quelle puissance d'attaque ces soldats peuvent développer lorsque, fondant sur l'ennemi, ils tirent leurs grands sabres en avant.

La figure du brigadier n'est pas moins curieuse que son accoutrement. Je remarquai surtout une dolicocéphalie extrêmement prononcée.

Son nez droit, ses lèvres minces, ses pommettes saillantes, sa peau sèche, ses yeux bleus, vifs, perçants, lui donnent une physionomie de laquelle se dégage une volonté tenace et puissante. Caractère orgueilleux et volontaire, il ne doit pas être facile de se mettre en travers de sa volonté. Serviteur dévoué des Turcs, après avoir été leur plus farouche ennemi, il s'est joint à eux, surtout par haine du Roumi qui cherche à empiéter le territoire conquis par l'Islam.

Le brigadier se met à mon entière disposition, mais, gêné dans son accoutrement d'officier qu'il a si peu l'occasion de revêtir, il se retire pour venir, un instant après habillé de son burnous ordinaire, dans lequel il paraît beaucoup plus à l'aise que dans l'uniforme qu'il avait mis pour me saluer.

Je séjournai plusieurs semaines à Châoua et je fis une quantité d'excursions dans les environs pour étudier le pays. La grande plaine qui s'étend au nord de Châoua est en majeure partie formée par du gypse et du sel. Ailleurs, certaines régions sont pierreuses ou recouvertes de sable. Les jardins de Châoua sont situés sur un petit plateau à mi-côte d'une gara; le sol même sur lequel est construit le village est gypseux, ce qui peut paraître bien peu favorable pour les plantations. Mais le gypse forme une espèce de croûte recouvrant une terre fertile peu épaisse. Or c'est grâce à cette curieuse constitution du terrain que les palmiers ont pu se développer. Les jardins sont en quelque sorte dans des trous, au-dessous du niveau du plateau, car les indigènes ont dû enlever la croûte de gypse pour faire les plantations dans la couche sous-jacente.

Les jardins sont entourés de murs épais qui servent à les protéger contre les sables que le vent chasse de la plaine contre l'El-Gara. Malgré ces précautions ou peut-être par suite de l'inertie des habitants qui ne se donnent pas la peine de réparer les brèches de ces murs, les grandes dunes de sable fin qui s'amoncellent au Nord se sont déversées en plusieurs points dans les jardins, ensevelissant les plantations. Il semble qu'il y a une lutte de la nature désertique qui a cherché à reprendre ce que l'homme avait si péniblement gagné. Partout à Châoua on sent que cet envahissement est progressif. A un kilomètre à l'ouest une vingtaine de palmiers sont à moitié enfouis sous les sables. Les indigènes m'ont affirmé qu'il n'y a pas longtemps encore, on cultivait dans ces jardins de l'orge et du froment, mais que la source avait été bouchée à la suite d'un éboulement. Comme personne ne s'était donné la peine de réparer les dégâts, la palmeraie qui n'était plus surveillée avait été abandonnée aux sables envahisseurs.

Des explorateurs ont expliqué cette régression des parties cultivées des oasis, soit par l'inertie plus grande des habitants, soit par une diminution du débit des sources. Or je crois que l'on peut envisager cette question d'une autre manière pour Châoua.

Il faut partir du principe que le Berbère cultive juste ce qui lui est nécessaire pour son entretien, il ne fait rien de plus. Or, si les cultures ont diminué, c'est que la population elle-même a dû diminuer. Par conséquent des jardins ont été abandonnés, les habitants qui sont restés avaient bien assez à travailler dans leurs propres carrés et n'avaient nulle envie d'augmenter leur richesse par un travail ardu, pénible, persévérant. Avoir de quoi manger pour se soutenir leur suffit. Il faudrait expliquer la diminution de la population des oasis : et je pense que l'on peut en trouver une cause dans l'émigration naturelle et générale que l'on a constatée si souvent des campagnards vers les villes.

A mesure que les grandes oasis et les grandes villes de la côte tunisienne et de la côte tripolitaine se développaient les Berbères qui venaient des lointaines régions brûlées par le soleil ardent trouvaient dans la fréquentation agréable des cafés et bars mauresques une jouissance nouvelle qui devait les engager à rester dans ces villes. Retournés dans leur solitude, la nostalgie des rues animées, bariolées, les poursuivait et ils revenaient malgré eux dans les centres où ils finissaient par se fixer. C'est ainsi que leurs jardins abandonnés n'étaient plus nécessaires et tombaient en ruines.

Plusieurs sources entretiennent la vie à Châoua. Les principales sont celles d'In-Sygayar, d'Aïn-Marbia, d'Aïn-el-Ras, d'El-Hicha.

L'eau est amenée dans les jardins par un tunnel d'environ cinquante mètres de longueur qui part du pied de la Gara. Le canal est creusé sous la croûte de gypse dans l'argile. Dans les sources d'Aïn-Marbia et d'In-Sygayar, l'eau vient naturellement, il n'y a pas besoin d'un moyen spécial d'exhaure. L'eau des autres sources doit être élevée jusqu'à l'origine du tunnel. Ceci se fait du reste d'une façon très ingénieuse par les puits à bascule.

Un grand balancier à côté du puits porte d'un côté une peau de bouc pendue à l'extrémité d'une longue corde qui descend dans le puits jusqu'à la nappe d'eau. A l'autre extrémité du balancier un contrepoids formé de grosses pierres est sensiblement plus lourd que le poids de la peau de bouc remplie d'eau. Pour remplir la gherba on voit la manœuvre. Le nègre ou l'Arabe tire sur la corde, la gherba descend et se remplit d'eau. Il lâche alors la corde, la gherba remonte d'elle-même tirée par le balancier et arrivée à l'orifice du conduit s'y déverse automatiquement. Les habitants peuvent ainsi presque sans fatigue, arroser chaque soir leurs jardins. Des rigoles et des canaux bifurquent dans tous les sens et conduisent l'eau dans les jardins, même très éloignés. Un autre système est pratiqué là où la source se trouve de niveau avec le canal. Les indigènes ont établi alors à l'orifice de ce dernier un barrage. L'eau remplit pendant la journée le tunnel, car elle est maintenue par la digue, elle s'accumule là et en temps voulu un orifice permet l'écoulement dans les jardins. Il est facile de comprendre que si un accident quelconque arrive à une de ces sources et empêche l'eau de se répandre, les cultures sont en quelques jours brûlées par le soleil. Aussi les indigènes entretiennent avec le plus grand soin les canaux et les puits qui sont nécessaires pour leurs jardins.

La plaine qui s'étend au nord de l'oasis a au moins cinq kilomètres de large; elle est entourée par des Gara constituées par des couches horizontales de roches de couleur différente qui forment tout autour une barrière élevée. Ces hauteurs sont à l'est, entamées par des oueds évasés qui débouchent dans la plaine. L'Haddek-el-Ouadi a sur ses flancs une petite palmeraie en partie abandonnée. L'Aïn-el-Ouadi, source à moitié obstruée, ne peut plus guère entretenir l'humidité du seul jardin dans lequel des figuiers et un peu d'orge se dessèchent lentement.

Au sud de la vaste dépression d'El-Hira des palmeraies sont envahies par les sables qui se sont accumulés en cet endroit engloutissant jusqu'à mi hauteur les gigantesques dattiers. Ces sables avancent, avancent toujours, impitoyables. En arrière, où ils ont passé, les dattiers sans vie se dressent, semblables à de grands bâtons gris. En avant, il semble que les palmiers avec leurs feuilles vertes ont comme un regain d'éclat, les couleurs plus vertes des feuilles contrastent avec la blancheur éclatante du sable blanc qui monte lentement, étouffant les arbres.

Sur le bord du plateau, une vieille tour se dresse, solitaire ; j'y montai un jour. Un Berbère m'accompagnait dans ma promenade. Nous entrâmes par un petit orifice à peine assez grand pour laisser passer un homme. Un escalier creusé dans l'épaisseur d'un mur énorme nous conduisit à la partie supérieure dans une chambre carrée. Un petit enfant gisait là, demi nu, adossé contre la muraille. Par malheur je ne pus lui causer, mon compagnon ne parlant pas français. Mais je compris à son air épouvanté, à ses tremblements convulsifs qu'il avait une horrible peur de ce roumi surgissant à l'improviste dans sa retraite perdue. Je lui donnai quelques provisions, car il avait l'air de mourir de faim. Un autre escalier me conduisit sur le sommet de la tour, petite terrasse entourée d'un parapet crénelé. De là, la vue s'étend de tous côtés, sur la morne étendue. Véritable scène de la désolation infinie, émouvante par la grandeur du tableau, par le silence de la nature morte. Tout ce qu'il y a de vie dans les palmiers clairsemés qui m'entourent éclate pour quelques jours encore sous l'afflux de sève qu'apporte l'approche de l'agonie. C'est un coin de la terre d'où la vie s'en va.

En redescendant, je ne trouvai plus le petit Berbère, il avait disparu, effrayé sans doute, emportant dans sa fuite les quelques hardes qu'il possédait. C'est un mystère émouvant que la vie de ces êtres faibles et chétifs, vivant de rien, tapis dans quelque masure délaissée, ou à l'abri de quelques roches surplombantes, abandonnés dans la grande nature du désert. J'en ai vu beaucoup, trop fiers pour entrer au service de quelque marchand ou d'un riche arabe, trop paresseux pour cultiver un coin délaissé d'une oasis.

Les jours succédaient aux jours, uniformes dans leur suite monotone. On s'habitue à vivre de cette vie contemplative. Je connaissais maintenant tous les habitants de Châoua qui venaient vers moi, me questionnaient sur le monde curieux des chrétiens dont quelques rumeurs étaient parvenues jusqu'à eux. Ils arrivaient peu à peu confiants, le soir, me raconter les légendes du pays, me dévoiler les phénomènes curieux que dans leurs longs voyages ils avaient observés. Dans les environs, ils m'indiquèrent des sources, des rivières qui présentaient quelque intérêt, et les uns après les autres ils me conduisirent aux endroits qu'ils désiraient me montrer. C'est ainsi que je fis une quantité d'excursions. Je partais le matin dès l'aube sur mon cheval, conduit par un Arabe quelconque. Je n'avais besoin ni de garde, ni de soldat, je ne prenais pas même la précaution révoltante d'emporter une arme. C'est en amis que nous allions, il suffisait de montrer à ces âmes fières, mais primitives, de la confiance pour s'en faire aimer. Nous ne pouvions parler, mais c'est par gestes, que nous nous comprenions. Ils m'indiquaient le nom des oueds, des montagnes, des selkas et me conduisaient auprès de pierres curieuses, qui avaient frappé leur imagination.

On a voulu faire passer ces peuplades pour intraitables, car les Turcs ont eu beaucoup de peine à les soumettre. Mais est-il indigne de résister à un envahisseur, de refuser de payer un impôt dont on n'a aucun profit, d'être forcé tout à coup d'accomplir le service militaire ! Si ces populations se sont révoltées parfois, ce n'est pas contre l'homme, mais contre les exigences du capitalisme moderne qui venait tout à coup jeter l'émoi au milieu de ces peuplades primitives vivant encore de la manière antique. Elles n'ont pas compris ces exigences nouvelles puisqu'elles n'ont pas évolué. Rudes elles étaient, rudes elles sont restées, mais sous cette apparence il y a des sentiments doux, simples et sympathiques qu'il est facile de pénétrer lorsqu'on se présente, en ami, non en conquérant.

La nature de ces indigènes est essentiellement passive. Au coucher du soleil ils s'accroupissent contre un grand mur faisant face à l'occident, le burnous blanc ramené sur l'épaule après avoir entouré la tête et ne laissant voir qu'une étroite bande allongée du visage. Immobiles, ils contemplent le grand disque rouge qui lentement baisse derrière la gara, à l'horizon, et qui lance encore sur la plaine des teintes d'incendie. Cette heure du crépuscule, pleine de la tristesse du jour qui s'en va, est seule troublée par les appels des muezzins; mais à Châoua, la piété des habitants est ralentie car il n'y a que peu de voix qui se répondent du haut des coupoles.

Un jour j'eus la curiosité d'escalader un tronc de palmier qui, posé en travers de la cour intérieure de notre maison, permettait d'atteindre les parties supérieures. Des encoches pour les pieds indiquaient bien que c'était une espèce d'échelle qui avait été posée. Arrivé au sommet, un dernier pan de mur me séparait des terrasses. Je l'eus bientôt franchi et je me promenai inconsciemment sur cette voie aérienne qui serpentant en tous sens me permit de faire le tour du village. Mes yeux plongent dans les cours intérieures des maisons où les femmes, leurs mantes rabattues, travaillent aux soins du ménage. Tout à coup l'une d'elles, levant les yeux, m'aperçut. Elle se sauva en poussant des cris. Au bout d'un instant, je vois plusieurs Arabes qui faisaient des signes violents en me regardant. Je n'y pris pas garde pour le moment et je redescendis tranquillement par où j'étais monté. Je fus fort étonné de tomber au milieu d'une foule d'Arabes braillards qui parlementaient avec Mustapha. Je m'enquis de la cause du tumulte. Dans mon ignorance je venais tout simplement de faire une chose qui était absolument défendue. Les hommes ne devaient pas monter sur les terrasses sous peine de châtiment sévère, car de là haut on peut voir l'intérieur des maisons et les femmes découvertes.

Mustapha n'eut pas de peine à démontrer que c'était par ignorance des coutumes du pays que j'étais monté sur les terrasses et mes chatouilleux amis se déclarèrent satisfaits après que je leur eus promis de n'y pas retourner à l'avenir. J'eus un moment d'émotion car, avec ces âmes fanatiques, on ne sait jamais ce qui peut arriver et j'étais en cette occasion dans mon tort pour avoir enfreint une habitude sacrée. Je fus du reste très surpris de voir avec quelle rapidité les Berbères se rendirent à mes raisons; ils s'inclinent toujours lorsque la raison présentée est juste.

Nous passions nos soirées autour de la théière, accroupis sur les couvertures. Les habitants du village venaient me rendre visite et nous formions une petite société d'une dizaine de personnes. Ils me

racontaient les histoires du pays que Mustapha me
traduisait à mesure.

La passion avec laquelle les Orientaux content est
merveilleuse. C'est dans leurs récits une succession
d'images colorées et symboliques qui donnent un
relief original à l'événement le plus simple. Un soir,
tandis que silencieux nous écoutions la théière chan-
ter sur les braises, Mustapha, sentant que la mélancolie me gagnait, me demanda la permission de me
narrer un conte très intéressant qui ferait passer le
temps. J'acceptai avec plaisir cette distraction qui,
j'espérais, chasserait mon ennui. Il s'accroupit com-
modément les jambes repliées sous lui, assis sur ses
pieds, et commença l'histoire d'une gazelle, fille de
roi. Je laisse la parole à Mustapha :

« Il était une fois en Orient un riche royaume. Les
époux royaux avaient une fille ; le roi était dur et violent ; sa fille malheureuse. Aussi Allah, un jour que
la jeune fille se promenait dans une forêt avec son
père, la changea en gazelle. Celle-ci en quelques
bonds fut hors de la portée de son bourreau. Le roi et
la reine furent tués dans une révolution. Mais la
jeune fille était sauvée. Elle rencontra d'autres gazelles et se joignit à elles ; gracieuses et légères
elles gambadèrent joyeuses dans le bled immense.

« Un autre roi et une autre reine avaient un fils qui,
malgré tous les efforts de ses parents, était triste et
mélancolique. Mais un jour, comme par une inspiration subite, il voulut aller à la chasse. Son père heureux de voir qu'il reprenait goût aux plaisirs abandonnés, depuis longtemps, l'accompagna. Ils se
promenèrent longtemps sans rien apercevoir lorsque
tout à coup une troupe de gazelles passa rapide

devant eux. L'une d'elles surtout, plus grande, plus agile que les autres, se faisait remarquer par la légèreté de ses bonds gracieux. Leste et vive elle filait avec la rapidité de l'éclair. Un coup de feu retentit. C'était le prince qui avait tiré. La gazelle blessée à la jambe tomba, mais par un effort violent elle se releva et disparut aux yeux des chasseurs. Ils restèrent longtemps encore à chercher les traces des fugitives, mais ce fut en vain...»

Mustapha en était là de son récit, quand des respirations bruyantes attirèrent son attention.

Une partie des auditeurs, ne comprenant rien au conte narré en français, s'étaient endormis. Moi-même fatigué c'est comme dans un rêve que j'entendis la fin de l'histoire.

« Les chasseurs rentrèrent chez eux. Mais le fils du roi ne put dormir, il était hanté par la vue de cette frêle gazelle, si gracieuse, qu'il avait blessée. Il en avait un remords incompréhensible pour un chasseur tel que lui. Il pensait qu'elle devait cruellement souffrir et gisait peut-être haletante, mourante dans le bled.

« Le lendemain, sombre et préoccupé, il dit à ses parents qu'il partait à la chasse, mais son père voulut l'accompagner. Il refusa avec une telle insistance qu'on le laissa aller seul.

« Toute la journée il courut à travers les tamarins et les arbustes de la plaine, mais il ne vit rien.

« Le soir, rentré chez lui, il ne descendit point à table. Ses parents étaient inquiets d'un tel changement dans le caractère de leur fils, mais ils ne savaient que penser.

« Les jours suivants, sans rien dire, le prince

sortit et parcourut encore toute la région sans rien
trouver; il ne rencontrait plus de gazelles, il semblait qu'elles avaient fui le pays.

« Le jeune homme dépérissait tous les jours. Il
était devenu maigre. Ses yeux étaient hagards. Souvent dans ses rêves on l'entendait parler de gazelles.
Ses parents affolés en voyant l'état de leur fils unique,
héritier du trône, firent venir les magiciens et les
guérisseurs les plus renommés du royaume. Mais
la science était impuissante à guérir ce mal intérieur
qui le rongeait lentement. On pensa alors qu'il était
victime d'un maléfice, et ses parents tombèrent dans
le plus profond désespoir.

« Un jour, le prince héritier étendu morne et solitaire dans la plaine, laissait errer au hasard ses
yeux sans éclat, ne cherchant même plus à retrouver cette pauvre gazelle, qui hantait son esprit à
chaque instant depuis le jour où il l'avait aperçue
pour la première fois avec son père.

« Soudain, d'un bond il fut sur pied. La gazelle
était en face de lui. Confiante elle le regardait de ses
grands yeux doux. Mais effarouchée elle se sauva.
Le prince affolé se mit à sa poursuite, elle allait lui
échapper. Ne sachant plus que faire pour la retenir
il tira, la gazelle tomba. Il se précipita. La pauvre
bête haletante le regardait tristement; il s'agenouilla,
pansa la blessure légère. Longtemps il caressa la
petite bête.

« Le soir, bien tard, par une porte dérobée il rentra
au château, portant sa victime. Il l'installa dans son
appartement, sur des coussins moelleux et lui donna
à boire du lait.

« Le roi et la reine inquiets de leur fils montèrent

chez lui. Mais celui-ci, enfermé dans sa chambre, leur répondit qu'il ne descendrait pas pour le dîner. Les parents ne savaient plus que penser de leur fils. Les jours suivants ils furent stupéfaits de le rencontrer avec une figure gaie et joyeuse qui se promenait dans le parc. Le roi lui demanda ce qu'il faisait toute la journée dans sa chambre? Mais la figure du prince s'assombrit. Le roi n'insista pas car le magicien avait dit de ne pas le contrarier.

« Le prince passait les journées en compagnie de la gazelle à s'amuser innocemment. Les blessures de celle-ci étaient maintenant guéries.

« Mais une obsession envahit le fils du roi. La voix manquait à la gazelle. Il pensait que s'il avait pu s'entretenir avec elle, cela aurait été bien agréable. Il avait pris l'habitude de lui causer comme à une personne et la gazelle lui répondait par de petits grognements plaintifs. Ils se comprenaient un peu, mais la conversation était laborieuse.

« Accroupie sur les tapis d'Orient, au milieu des coussins luxueux, la gazelle, ses grêles jambes repliées sous elle, passait des journées entières avec le fils du roi qui lui racontait comment il était désespéré avant de l'avoir retrouvée. La gazelle lui fit comprendre peu à peu qu'elle était la fille d'un roi; le prince émettait des suppositions et la gazelle répondait par des grognements qui signifiaient qu'elle avait compris. Le prince put ainsi reconstituer toute l'histoire de la gazelle. Il descendit alors auprès de ses parents et leur dit qu'il avait une gazelle. Il demanda à son père s'il connaissait un secret qui permît de donner la voix humaine aux bêtes. La question paraissait si insolite que le roi n'y prit pas

garde, mais le jeune prince insista tellement que le
père promit de voir un magicien.

« La réponse du magicien jeta le pauvre prince
dans une affreuse angoisse. Le moyen donné était
d'une cruauté raffinée. Il fallait plonger un fer rougi
dans la gorge du faible animal ; si on ne le faisait
pas, il ne recouvrerait jamais la voix.

« Le fils du roi était anéanti par cette révélation, il
désirait ardemment voir la parole rendue à son
amie ; mais n'avait pas le courage de la faire souffrir.
Déjà plusieurs fois il avait fait rougir le fer, mais
en s'approchant de la gazelle et en voyant ses grands
yeux pleins d'interrogation, il avait jeté avec épouvante son instrument de torture.

« Pour que le remède fût efficace, la gazelle devait
ignorer le but de l'acte cruel.

« Un jour enfin, las des incertitudes au milieu desquelles il vivait, il résolut d'en finir. Sa décision
était maintenant irrévocable. Il était arrivé à une
telle tension de tout son être qu'il ne restait plus que
deux solutions : Ou la gazelle parlerait ou lui mourrait. Après avoir soigneusement chauffé à rouge sa
barre de fer il s'approcha, pâle, hagard, comme un
automate poussé par une force inconnue ; arrivé près
du faible animal il le saisit d'une main tandis que
de l'autre il lui enfonçait dans la gorge la barre de
fer. Un double cri partit, cri d'angoisse, cri d'épouvante. Le prince tomba à la renverse sans connaissance sur les épais tapis qui amortirent sa chute.

« Combien de temps dura son évanouissement ? nul
ne saurait le dire. Mais lorsque le prince rouvrit les
yeux il vit, agenouillée à ses côtés, une belle jeune
fille dont les yeux noirs de jais le regardaient en

souriant. Sa voix douce et chantante le ramena à lui
et lui fit comprendre qu'il ne rêvait pas. Il jeta un
dernier regard d'épouvante autour de lui, cherchant
des yeux la gazelle qui hantait encore comme un cauchemar son esprit. Mais elle n'était plus là; le miracle
était accompli. Même, double miracle, puisque la
gazelle avait recouvré sa forme d'autrefois et la voix
humaine. Le prince se leva alors et heureux il conduisit à ses parents la jeune fille qui fut reçue avec
bonheur, car ils comprirent tout à coup que leur fils
était sauvé. Ils se firent raconter avec détails cette
histoire et il se trouva que le père de la princesse
avait été autrefois l'ami du roi mais qu'à la suite des
événements survenus il n'avait plus entendu parler
de cette famille.

« Quelque temps après tous les dignitaires du
royaume étaient conviés à de grandes fêtes chez le
souverain, pour célébrer le mariage du prince héritier avec la princesse qu'il avait sauvée du maléfice. »
Ainsi finit le conte de Mustapha.

Mais pour vraiment jouir de cette narration, c'est
le conteur lui-même, dans cette masure au fond du
désert qu'il faut entendre, entouré de ses auditeurs,
des Berbères au profil aigu, accroupis autour du
narrateur et faiblement éclairés par les lueurs vacillantes du feu.

Narrer, pour l'Oriental, est une passion qu'il a
gardée de ses ancêtres. Il vit véritablement la scène
qu'il décrit, il en ressent toutes les émotions, toutes
les tristesses, toutes les joies.

En outre, l'histoire est souvent inventée au fur et
à mesure de la narration sans plan préliminaire.
Mustapha m'a assuré qu'il ne connaissait pas le

conte de la gazelle avant de l'avoir commencé. Je le
crois.

A Chaoua j'avais fait connaissance d'un ancien
esclave ayant appartenu anciennement au maître de
notre maison.

C'était un jeune nègre que nous appelions le
négro. Grand, véritable colosse, aux formes harmo-
nieuses, il appartenait à la plus pure race du Haut
Niger. Ses parents avaient été amenés jadis du Soudan. C'est avec plaisir que, me promenant à cheval
dans les environs de l'oasis, je le voyais s'approcher
de moi avec sa large face épanouie de chien fidèle ;
il me demandait de mes nouvelles et d'où je venais ;
connaissant le Soudan, je lui racontai les histoires
de son pays qu'il n'avait jamais vu et nous nous
liâmes peu à peu d'une véritable amitié.

Peut-être était-ce cruel d'évoquer les paysages en-
chanteurs, fertiles, peuplés, du Sud à ce pauvre exilé
perdu dans cette région aride, mais je trouvais du
plaisir à parler d'un pays que je connaissais. Il me
raconta sa vie. Jeune il était esclave d'un riche Arabe,
bien traité, il était comme son fils, faisait partie
de la famille, travaillait au jardin, lorsque cela
était nécessaire. L'Édit de la Porte qui libérait les
esclaves fut un jour promulgué. Les autorités de
Sinaoum vinrent vers chaque chef de tribu pour lire
l'Édit dans lequel on signifiait aux esclaves qu'ils
étaient libres. Le négro insouciant et naïf fut joyeux à
l'idée de cette liberté qu'il ne connaissait pas. Il quitta
du reste à regret son ancien maître pour se rendre
à Tripoli, la grande ville qui brillait comme un mirage
dans sa tête innocente. Arrivé là, seul, ne connaissant
personne, il eut faim, demanda à manger, mais comme

il n'avait pas d'argent il fut durement repoussé.

Errant de rues en rues, au hasard, cherchant à voler quelque nourriture dans les boutiques pour se soutenir, il était désespéré lorsqu'un négociant qui s'occupait de la pêche des éponges, le rencontra et l'engagea pour la préparation. Ce fut une épreuve terrible pour cet homme qui, habitué à la vie libre du désert, dut chaque jour travailler régulièrement pour gagner son pain, juste de quoi se nourrir. Mais il n'était pas esclave, il était libre !

Au bout de quelque temps, il n'y tint plus. Saisissant la première occasion pour se sauver il se joignit à une caravane, et regagna Châoua. Il revint chez son ancien maître pour le supplier de le reprendre. Depuis lors le nègre heureux a repris la chaîne qu'il avait rompue. Lorsque je lui proposai de quitter son maître pour me suivre il refusa carrément, ne voulant pas tomber sous l'esclavage des Européens qui obligent à travailler toute la journée pour gagner juste de quoi se nourrir.

On a beaucoup exagéré les maux des esclaves d'Orient et d'Afrique. Les captifs, au dire de nombreux voyageurs sincères, sont presque toujours traités avec humanité, ils sont heureux, sans souci, et font partie de la famille de leur maître. L'esclavage, considéré sous la forme de recueillir des malheureux abandonnés, de leur assurer la subsistance contre un travail régulier, est une manière de soulager la misère. S'il y a eu des atrocités, elles ont été souvent commises par les Européens civilisés ou par les employés des grandes compagnies (1).

(1) À l'appui de ce que j'avance, je puis citer un passage qui m'a frappé dans *l'Afrique noire* du capitaine Meynier (Ernest

L'exemple du nègre de Châoua, revenant auprès
de ses anciens maîtres après avoir été libéré n'est
pas unique ! J'ai constaté au Soudan des centaines
de cas pareils (1). Il ne faut pas oublier avant de se
laisser apitoyer sur des misères fantaisistes qui ne
sont atroces que dans notre imagination que c'est
chez nous, en Europe, que se trouvent des milliers
d'esclaves du capitalisme.

D'un côté, regardez cet ouvrier de nos usines qui
fatigué, s'en va chaque jour à son travail pénible,
malsain, au fond d'une usine où il végète misérablement pour gagner à peine sa subsistance et celle de
sa famille. En face de ce sombre tableau, imaginez

Flammarion, Paris, 1911, pages 161-162). « Mais chez eux (les Arabes) la situation sociale de ces misérables noirs (les esclaves)
n'est pas aussi déplorable qu'on le peut imaginer. Que l'on considère les Harratin qui cultivent au profit des Arabes les oasis
sahariennes ou les serviteurs noirs dont ils sont fort amateurs
dans leurs installations du Maroc et de Tripoli ou bien même
ces captifs qui suivent les Arabes dans leurs continuels dépla-
cements dans le désert, on s'aperçoit qu'il leur est fait dans le
ksour, dans la famille ou dans le campement une situation
sinon heureuse, du moins nullement odieuse. Là aussi les croise-
ments sont fréquents, donnant des produits supérieurs sous
certains rapports aux deux races originaires. Par ailleurs il suffit souvent à ces noirs de se convertir à l'Islam pour être débar-
rassés de tout lien et devenir les égaux de leurs anciens maîtres.
Au total nous reconnaissons que l'esclavage tel qu'il est pratiqué
en Afrique par les noirs, les Berbères et les Arabes, tout en res-
tant contraire aux principes d'une morale élevée adaptée à
notre état de civilisation, n'est pas si odieux qu'on peut *a priori*
l'imaginer. Bien plus même que tout autre facteur il a contribué
à d'heureux mélanges de sang, apportant à la race noire quel-
ques-unes des qualités d'intelligence et de caractère qui lui faisaient surtout défaut. »

(1) Voir aussi : Le Hérissé, *Voyage au Dahomey*, Paris, 1903,
p. 206.

dans cette oasis verdoyante un homme fort, heureux,
jouissant pleinement de la vigoureuse santé que
donne la vie journalière au grand air; c'est un cap-
tif. Rentré dans la case il vit avec ses maîtres, traité
avec bonté, comme un membre de la famille. Où est
l'esclave à plaindre ? La réponse n'est point douteuse,
d'une part misère, travail acharné, soucis de chaque
jour, mais liberté illusoire, d'autre part vie normale,
libre, heureuse, mais esclavage !

Le tableau peut paraître exagéré mais il représente bien ce que j'ai vu en vivant chez les indigènes,
noirs ou arabes. Du reste beaucoup de voyageurs
dont les opinions n'étaient pas imposées par une
obligation professionnelle ont émis des réflexions
analogues.

Un matin, je montai avec le brigadier sur l'El-
Gara qui domine de deux cents mètres les oasis de
Châoua. Cette montagne est coupée en deux par une
vallée ; sur les deux bords qui se font face des pyramides en pierres ont été construites. De là-haut la
vue s'étend vers le nord et tout en cherchant des
yeux notre caravane que j'attendais depuis plusieurs
jours j'écoutais le brigadier qui me racontait les incidents dont l'El-Gara avait été le théâtre. Il y avait
déjà longtemps, le gouvernement tunisien avait
cherché à repousser la frontière vers l'Est pour
s'emparer des belles oasis de Sinâoum et de Châoua.
Un jour, une troupe de goumiers, profitant d'une nuit
obscure, s'était avancée jusque sur l'El-Gara plan-
tant le drapeau du croissant rouge. Mais les habitants de Sinâoum et de Châoua, ne le virent pas de
bon œil et mirent en fuite, après une lutte acharnée,
les hardis envahisseurs. C'est à l'endroit où avait été

planté le drapeau tunisien que les Berbères des oasis tripolitaines avaient dressé les pyramides pour rappeler la victoire qu'ils avaient remportée sur les goumiers envoyés par les chrétiens. Le brigadier, très fier de cet exploit qu'un de ses ancêtres avait conduit, était convaincu que c'était grâce à la bravoure de sa famille que Sinâoum avait été gardée intègre à l'Islam.

L'El-Gara est un belvédère de toute beauté. Du haut de cette plate-forme la vue s'étend sur l'oasis avec ses maisons carrées, entourée de palmiers et plus loin, sur la plaine dont les efflorescences salines brillent sous le feu du soleil d'un blanc éclatant.

Tout en écoutant les histoires guerrières du brigadier, je fouillais l'horizon de ma jumelle; mais notre caravane n'arrivait pas encore; aussi nous redescendîmes les gradins de la Gara qui, semblables à de grands escaliers, rendent le passage facile.

En bas nous passons près des fours à plâtre si répandus dans la région. Le gypse couvre d'immenses espaces dans le pays. Il est très employé par les indigènes comme mortier pour leurs constructions. Les fours dans lesquels ils préparent le plâtre sont originaux. Ce sont de grands trous circulaires au fond desquels se trouve le foyer.

Le gypse est au préalable mélangé à des excréments de chameaux, ce qui facilite le chauffage et la formation du plâtre. Ce sont des gamins qui sont occupés à cette besogne. Les indigènes ne se donnent guère la peine de préparer le plâtre à l'avance, mais lorsqu'une maison ou un pan de mur s'écroule, ils fabriquent au fur et à mesure le mortier qui leur est nécessaire.

J'étais à peine rentré dans la masure qui nous
servait de logement qu'un soldat vint m'appeler,
m'annonçant qu'un voyageur m'attend au dehors.
Fort étonné qu'on me fit demander, dans ce village
perdu, je sortis intrigué. C'était mon ami le docteur
Orhane que j'avais laissé à Sinâoum, blessé après
sa chute de chameau; je m'approchai, vivement heureux de trouver dans cette solitude un ami. Il était
assis dignement sur deux énormes caisses recouvertes de tapisserie, les poings sur les genoux, il
m'attendait immobile, me regardant venir. Le fez
militaire recouvert d'un grand voile blanc, le veston
impeccablement boutonné malgré la chaleur suffocante du milieu du jour, il s'écria à ma vue et avec
le plus grand sérieux : Bonjour Livingstone ! Comme
je restais abasourdi, ne sachant que penser de cette
réception à laquelle je m'attendais si peu il me salua
et me serra cordialement la main. Enthousiasmé de
cette rencontre inattendue au milieu de ce désert,
il l'avait dans son imagination vive, comparée à la
rencontre de Stanley et de Livingstone dans le village perdu de d'Oudjidji.

J'invitai le major à venir partager mon repas, il
refusa, car il ne mangeait que le soir. Néanmoins,
il me suivit dans la case, s'assit à l'autre bout de la
chambre, résolu à vivre selon ses principes d'explorateur expérimenté. Mais la faim étant plus forte
que les principes ; j'eus le bonheur de le voir s'approcher et partager mon repas. Je n'avais malheureusement pas de fourchette pour lui, aussi il plongea
ses doigts dans la sauce : A la guerre, comme à la
guerre !

Tout en mangeant il me raconta sa vie, qui est

celle de beaucoup d'officiers turcs éloignés de la
métropole. Il habitait Constantinople lorsqu'un
jour il reçut l'ordre de partir sur-le-champ pour
Tripoli où il était nommé médecin major. Il avait
dû tout abandonner, sa famille et ses amis. Depuis
douze ans il était en Tripolitaine sans espoir de
retour. N'ayant aucune distraction à Tripoli il s'était
mis à étudier avec passion les ouvrages de Stanley et
de Livingstone, enthousiasmé peu à peu par ces
lectures qui lui montraient que, même dans les pays
les plus éloignés, un esprit actif et intelligent trouve
de l'intérêt. Il apprenait à connaître les Arabes, à
s'intéresser à leurs coutumes, cela passait le temps.
Il se prit à aimer voyager. Dans ces solitudes, il
lui semblait devenir un explorateur aussi grand que
les plus illustres. C'est pour cela que notre rencontre l'avait autant rempli de joie, car il y voyait
une analogie avec le voyage de Stanley.

Envoyé à Ghadamès pour la visite sanitaire des
recrues il comptait y rester plusieurs mois, occupé
à étudier la ville qu'on lui avait dépeinte comme
étant le lieu de rencontre des peuplades les plus diverses du Soudan. Il voyait en imagination les
danses dans les cafés maures, loin du monde, et il
comptait bien rapporter une utile moisson d'observations.

Mais la journée avançait. Prêt à partir, son chameau l'attendait muni de deux énormes caisses recouvertes de tapisserie sur lesquelles d'épaisses
couvertures formaient une plate-forme assez confortable. Nous nous quittâmes en nous promettant
de nous revoir à Ghadamès quelques jours plus tard.
Je le vis s'éloigner seul avec son chamelier dans la

plaine. Il ne fut bientôt plus qu'un point imperceptible à l'horizon, et j'admirai le courage de cet
homme qui sans escorte allait faire cent cinquante
kilomètres dans un pays où il ne rencontrerait
aucune habitation. Il passerait les nuits sans abri,
couché sur ses deux caisses qui mises bout à bout
lui serviraient de lit.

Le lendemain, je me promenais sur les dunes qui
devant Châoua forment une vague mouvante lorsqu'un attroupement au haut de l'une d'elles attira
mon attention. Je m'approchai et on m'indiqua à
l'horizon une ombre qui semblait se déplacer lentement. C'était notre caravane venant de Bir Žar,
mais il lui fallut encore deux heures pour atteindre
l'oasis.

Toute notre troupe se trouvait maintenant réunie,
mais le charme de l'intimité qui s'était peu à peu
établi entre les indigènes et moi était rompu. Une
caravane nombreuse comme était la nôtre parcourant le pays sous l'escorte de soldats produit sur
les habitants autochtones une impression pleine de
soupçons. Les indigènes se renferment en eux-mêmes
et on ne peut plus en tirer grand'chose. En outre
nos domestiques berbères complotent avec les indigènes dans le but d'augmenter le prix des denrées
et d'en tirer des bénéfices. Il y a toujours dans un
déplacement important d'hommes et de bêtes des
intrigues ; les discussions surgissent et à chaque
instant l'esprit est absorbé par tous ces détails.

Nos zaptiés aussi n'étaient pas étrangers à ces
futiles et enfantines discussions ; se jalousant les
uns les autres ils formaient deux clans opposés.
Pendant que j'étais à Châoua, Mustapha s'était fait

passer pour officier auprès des autorités berbères
du pays. Lorsque notre vrai chaouch officiel arriva
avec la caravane, il ne fut pas peu stupéfait de voir
que tout le village appelait son subordonné Mustapha chaouch. Mais il n'osait rien dire, car il avait une
peur terrible de son ami ; il craignait toujours que
Mustapha, malin, sournois et opportuniste le dé-
nonçât auprès de ses chefs pour une peccadille quelconque, et s'empara par un coup de main habile de ses
galons. Mustapha sentait toute la terreur qu'il inspi-
rait à son chef et en profitait de la plus indigne façon
pour martyriser ce brave homme qui venait en ca-
chette me conter ses infortunes. En face de ce petit
groupe de Sadok et de Mustapha, liés cependant par
leur commune origine turque, se trouvaient nos
trois zaptiés berbères qui formaient un clan opposé.
Soldats intraitables au caractère indépendant, ils
étaient toujours en discussion. On comprend qu'avec
une pareille mentalité les incidents étaient fréquents. Ils surgissaient à l'improviste, mais s'éva-
nouissaient presque aussitôt. Tous ces zaptiés
étaient de braves gens à l'esprit simple qui m'étaient
entièrement dévoués ; c'étaient de grands enfants
dont les disputes étaient aussi innocentes qu'éphé-
mères.

CHAPITRE V

DANS LA HAMADA

Départ de Châoua. — Le marquis de Morès. — La rencontre du major. — Désert pierreux. — Les sangsues. — Monotonie. — Caravane dans la Hamâda. — Passage difficile. — Les portes de sable. — Marche pénible. — Le Selka de Mzézem. — Le mirage. — La palmerale de Mzézem. — Terreur du chaouch. — Émanations empoisonnées. — Cadavres. — La source. — Le bordj sépulcral. — La garnison anéantie. — Le sel. — L'eau. — Le lac. — Au nord de la Sebkha. — Pas d'ombre. — Départ de Mzézem. — Traversée de la Sebkha. — De nouveau dans le désert pierreux. — Le cyclone. — Le courrier. — En vue de Ghadamès.

Le 4 mai au matin notre caravane est prête à s'enfoncer dans le sud. Nos gens, nos chameaux, nos bagages sont rassemblés devant le village. Je fais mes adieux aux habitants qui viennent les uns après les autres me serrer la main. Le brigadier veut absolument me fournir encore deux zaptiés pour la route, par mesure de prudence; mais je refuse, le pays étant très sûr, ils seraient plutôt encombrants qu'utiles.

A huit heures nous quittons Châoua et prenons la direction du sud-ouest que nous suivrons constamment jusqu'à Ghadamès. La piste d'une dizaine de mètres de largeur indique une route très suivie

par les caravanes. Nous nous élevons sur les bords
de la Sebkha de Châoua et atteignons bientôt une
sorte de col évasé séparant deux garas tabulaires.
De l'autre côté une plaine monotone s'étend à perte
de vue. Nous devons la traverser. Au milieu, la
piste dessine une ligne blanche ressortant nettement sur le fond gris.

Mon attention est bientôt attirée par des tas
noirs, assez nombreux, dans la plaine. Ce sont
d'anciens fours à plâtre. Il est extrêmement curieux que les indigènes soient venus si loin fabriquer leur mortier, puisqu'autour des oasis mêmes
il existe un gypse excellent. On trouve de ces constructions jusqu'à quinze kilomètres au moins de
Châoua.

Quelques kilomètres après Châoua des traces
s'éloignent de notre piste vers l'est. Cette route
conduit à Mchiguig et Tiaret, deux petites oasis
qui se trouvent sur notre droite. La frontière turco-
tunisienne passe entre les deux palmeraies. C'est
dans cette région que le marquis de Morès a été
assassiné.

Les officiers français ont établi dernièrement un
petit monument funéraire sur l'emplacement du
meurtre. D'après les renseignements qui m'ont été
donnés sur place il n'y a nullement un crime politique comme on l'a à tort insinué. A l'époque du
crime la frontière n'était pas délimitée et la police
de la région contestée était très difficile à faire.

Le marquis de Morès qui venait de Tunisie avait
dû abandonner son escorte et il continuait sa route
seul avec des chameliers en lesquels il ne pouvait
avoir confiance. Les chameaux étaient chargés d'ob-

jets précieux et de sacs pleins d'écus. Il est évident
qu'avec de telles richesses, traverser, sans gardes,
un pays, où la famine régnait, était une réelle im-
prudence.

Le pays était visité alors par des bandes de pirates qu'à cette époque ni les Turcs ni les Français
ne pouvaient saisir.

Sur notre piste, bien loin, il me sembla apercevoir quelque chose de sombre se mouvant lentement.
Mais il nous fallut plusieurs heures avant de pouvoir
distinguer sur un chameau un homme agiter un immense étendard blanc. Je lançai mon cheval au galop
et m'avançai au-devant de la caravane qui arrivait à
notre rencontre. Quelle ne fut pas ma stupéfaction
en reconnaissant le docteur Orhane revenant déjà
de son voyage à Ghadamès. Je m'informai de ce qui
lui était arrivé car il devait rester plusieurs semaines
dans cette ville. Le major me décrivit Ghadamès
comme un véritable labyrinthe. En outre il m'avertit
que j'allais voir dans quelques jours un spectacle
inoubliable sous forme d'un grand lac salé avec des
mirages curieux.

Je ne m'expliquai ce retour si précipité que par la
désillusion que le major avait eue en arrivant à Ghadamès. Il n'avait examiné que deux ou trois recrues,
car le grand nombre était introuvable. Sur l'assurance
du gouverneur qu'elles avaient bien toutes les quatre
membres et une tête il les avait incorporées en bloc
et de confiance, car il ne voulait pas rester plus longtemps dans cette ville perdue. Je ne doutais pas
que le major était parti de Tripoli avec de grandes
illusions sur la célèbre oasis, carrefour des peuples
du désert. La réalité avait dû être bien au-dessous

de ce qu'il avait imaginé, aussi s'était-il empressé de
partir dès qu'il avait pu. Une escorte plus nombreuse l'accompagnait. Il me montra d'un geste pro-
tecteur une demi-douzaine d'Arabes dépenaillés en
les appelant « ses amis ». Le major était aussi accompagné d'un soldat que le gouverneur de Ghadamès lui avait donné par mesure de prudence.

La caravane m'avait rejoint et nos chameaux se
rencontrant avec ceux du major, mirent le désordre
dans nos deux groupes. Il y eut un moment de pa-
nique, de cris, de coups, mais nous finîmes par réussir à nous séparer. Je serrai une dernière fois la
main du major et nous partîmes chacun dans des
directions opposées, peut-être pour ne plus jamais
nous revoir.

Le pays que nous traversions était formé par de
grands plateaux calcaires et gréseux presque horizontaux. C'est le véritable désert pierreux dans toute
l'horreur que ce mot évoque, des pierres à perte de
vue sans une touffe d'herbe qui vienne donner une
note vivante au sinistre paysage. Nous marchâmes
dans ce pays désolé pendant trois jours, n'ayant
trouvé qu'un puits sur notre route, le matin du second jour, ne contenant qu'une eau saumâtre au
fond d'un trou étroit et profond.

Lorsque les chameaux sont lourdement chargés
ils ne peuvent rester plus de trois journées sans
boire, tandis qu'avec de légers fardeaux ils résistent
à la soif six ou même huit jours. L'eau du puits de
Saymat était pleine de sangsues qui se fixèrent sous
la langue des animaux et sur les gencives. A partir
de cet endroit nos bêtes eurent la bouche pleine de
sang malgré les précautions les plus minutieuses pour

éviter les sangsues en faisant passer l'eau au préalable dans un linge. Mais il était difficile de retenir les chameaux qui se pressaient autour des puits pour boire dès que nos domestiques avaient rempli l'auge. Pour enlever les sangsues de la bouche des chameaux il faut un coup de main adroit, car on risque d'être mordu. Tandis qu'un homme tient ouverte la mâchoire de la bête, un autre saisit la langue et d'une main entourée d'un linge il cherche à attraper la sangsue. Il faut la prendre avec une étoffe rugeuse qui ne glisse pas sur la peau de l'animal.

Pendant les longues journées, nous poursuivons sans arrêt notre marche lente et régulière, de l'aube au crépuscule. Les plus fortes natures sont saisies par un sentiment de tristesse indéfinissable. Aucun imprévu ne vient modifier la monotonie de la route. Le paysage uniforme s'étend de tous côtés pareil à lui-même ; pas de vie, la mort partout. Le chameau est bien construit pour parcourir ces grands espaces. Il paraît avancer lentement, mais il suffit de mettre pied à terre un instant pour se convaincre de la rapidité de leur course qui provient bien plus de la régularité et de la longueur de leurs enjambées que de la vitesse de leurs mouvements. Une caravane avance à raison de quatre à cinq kilomètres par heure, mais lorsqu'à la fin de l'étape les chameaux sont fatigués, cette vitesse n'est souvent plus que de trois kilomètres. Elle correspond à l'allure moyenne du cheval entre le trot et le pas. C'est pour cela qu'il est si fatigant de suivre une caravane à cheval. Au pas, on est vite dépassé par les chameaux et il faut constamment faire trotter sa monture pour les rattraper. Cette alternance de pas et de trot est pénible lorsqu'elle se poursuit pendant des journées entières sans interruption.

Le soir, le sol était si aride que nous avions beaucoup de peine à fixer les tentes. Il était difficile d'enfoncer les piquets dans la roche vive dépourvue de terre. Aussi fallait-il attacher les cordes aux cantines placées en cercle ou réussir à faire tenir les piquets dans les fentes du calcaire. Par bonheur nous n'eûmes pas à souffrir du vent pendant cette période. La journée, nous ne nous arrêtions pas, nous prenions le repas de midi en route sur les chameaux et sans descendre. Arrêter la caravane est toute une affaire, qui prend beaucoup trop de temps, car il faut mettre les chameaux sur les genoux, et enlever les charges. Aussi on évite autant que possible cette complication.

Nos chameliers suivaient à pied. Leurs longs fusils en bandoulière ils trottaient la journée entière derrière les chameaux. Les Berbères sont des marcheurs étonnants, ils accomplissent tous les jours quarante à soixante kilomètres à pied, sans fatigue apparente et le soir ils déchargent les chameaux et montent les tentes. Chaussés de leurs espadrilles ils cheminent régulièrement de leur pas allongé et rapide. Leurs chaussures légères ne sont qu'enfilées à l'avant du pied, le talon est libre, j'ai toujours admiré l'adresse avec laquelle ils réussissent à garder au pied une chaussure qui n'y tient pas.

La troisième journée après notre départ de Châoua, le paysage change un peu. Des ravins profonds, aux parois abruptes et rocailleuses, ont entamé les bords du plateau. Le terrain se contusionne et nous cheminons le long de corniches qui surplombent en

plus d'un point des oueds profonds. Ailleurs nous
passons sur des dalles glissantes et inclinées qui
dominent le vide. Nous avançons lentement, prudemment dans tout le brouhaha qu'amène le passage d'une région dangereuse avec des chameaux
lourdement chargés. Mes collègues mettent pied à
terre tandis que les chameliers retiennent leurs bêtes
par la queue, ce qui est, paraît-il, une aide très efficace et qui les empêche de rouler dans l'abîme. J'ai
toujours pensé qu'un homme pendu à la queue d'un
chameau chargé qui représente une masse de cinq
cents kilos est d'un bien faible secours pour le retenir, mais les Arabes prétendent le contraire. Je
suis plus disposé à croire, que si aide il y a, c'est
d'aide morale qu'il s'agit.

Nous contournons une échancrure profonde, pour
atteindre le flanc opposé, une crête arrondie qui
nous masquait l'horizon. Alors devant nous ce fut
un éblouissement qui nous surprit par son éclat
inattendu. Un océan de sable dont les vagues
énormes ondulent à l'infini scintille sous l'ardent
soleil. Ce sont les « portes de sable » larges de plusieurs kilomètres.

Comme des flots qui s'étalent sur la plage, le
sable vient recouvrir d'une fine pellicule le rocher
nu. C'est le point difficile à traverser, cette limite
entre le roc et le sable, car les pieds des animaux
glissent facilement sur la pellicule qui n'adhère pas
au sous-sol. Nous passons sans encombre.

Cette langue de sable est une pointe projetée en
Tripolitaine par le grand Erg, qui couvre un espace
immense à l'ouest de la frontière turco-tunisienne.
La marche sur le sol mouvant est terrible. Les mon-

ticules, comme les vagues, ont un côté abrupte presque surplombant qu'il est souvent difficile de franchir. Nos chameaux chargés enfoncent et parfois ils glissent sur les pentes rapides entraînés par le sable croulant sous leurs pas. Je dois même descendre de cheval, la pauvre bête trébuchant à chaque pas, et enfonçant jusqu'aux genoux. Nous sommes obligés de faire des détours sans nombre autour des dunes aux flancs trop abruptes et plusieurs fois, après des efforts infructueux pour tâcher de les escalader, nous sommes obligés de chercher un autre passage. Ailleurs ce sont de véritables gouffres que des cyclones ont creusés dans le sable. Nous passons sur les côtés de ces excavations et sommes entraînés, malgré nos efforts, vers le fond.

Le sable envahit tout, il pénètre partout.

C'est ainsi que nos cheveux en sont pleins, nos dents craquent sur les petits cristaux de quartz. On en trouve dans nos poches, dans nos chemises, jusque dans nos montres et nos porte-monnaie.

Sur une dune plus haute que les autres, je me retourne, le spectacle est curieux. Les chameaux, en file indienne, apparaissent et disparaissent, cachés derrière les crêtes invisibles, parce qu'elles sont arrondies et que rien de saillant ne les sépare des autres plans. La région sableuse est ici heureusement étroite, mais si l'on songe aux espaces immenses recouverts dans le sud de la Tunisie par ces sables, on conçoit facilement que des caravanes entières disparaissent sans laisser la moindre trace.

Lorsque le vent se déchaîne sur ces régions, c'est la tempête de sable, la plus terrible de toutes. Les puits ne peuvent exister dans ces sables mouvants et toute l'habileté des Arabes est nécessaire pour se diriger dans ce dédale de vallonnements tous identiques les uns aux autres. En fermant les yeux et en les rouvrant, il est impossible de voir par où l'on a passé, le regard ne rencontre aucun repère qui fixe l'attention.

Après de grands efforts nous retrouvons enfin le sol pierreux et nous cheminons à nouveau dans la hamâda qui paraît bien douce après les sables. Cela divertit de constater que maintenant le désert pierreux nous fait une impression moins mauvaise qu'auparavant. Il a fallu la comparaison avec l'Erg pour en arriver à ce résultat. Nous marchons gaiement vers le sud-ouest. Les chameaux eux-mêmes, heureux d'être sortis de ce mauvais pas, allongent leurs jambes grêles et rapidement nous approchons des garas qui apparaissent dans le lointain.

Nous pénétrons bientôt dans un oued énorme s'abaissant vers le sud-ouest. Des roches nous environnent et nous dominent. Nous contournons par la base des montagnes placées en travers de notre route directe. A droite, à une centaines de mètres, les bornes neuves de la frontière tunisienne, semblables à de gros piquets blancs s'échelonnent régulièrement.

Une énorme masse de sable ferme l'horizon. Je frémis à la pensée qu'il faudra peut-être encore lutter contre le sol mouvant. Mais par bonheur la piste fait un détour vers l'est, et nous passons juste à l'extrémité orientale des dunes qui nous dominent de tout l'éclat de leur blancheur étincelante.

L'oued que nous suivons se creuse de profonds canaux où des blocs de rochers de toute dimension forment un chaos inextricable. Après avoir contourné un dernier promontoir qui nous cachait en partie la vue, nos regards plongent au fond d'une plaine unie, immense, qui s'étend au loin vers l'occident. C'est la Sebkha de Mzézem. Nous suivons toujours l'oued qui échancre profondément le bord du plateau et s'abaisse au niveau de cet ancien lac situé à une centaine de mètres plus bas.

Il nous faut peu de temps pour y descendre. La Sebkha de Mzézem couvre une étendue considérable, car elle s'étend sur une longueur de plus de quarante kilomètres et vingt de large. Des oueds débouchent de tous côtés dans le lac. Les plus importants, dans la partie orientale, sont ceux de Me-Moun, de Ten-Narout, d'A-Wal et de To-Tat.

Nous cheminons au nord de la Sekbha, le long des dunes de sable qui la limitent de ce côté. Le sol est formé par du gypse saupoudré de sel. La marche est pénible sur ce terrain boursouflé par des phénomènes alternants d'hydratation et de dessiccation. Tandis que nous avançons vers l'ouest, le soleil, devant nous, baisse, à l'horizon. Au loin il nous semble apercevoir une nappe bleue, lac immense qui vient mourir devant nous sur la berge salée. Le contraste du bleu d'azur des flots et des étincellements de la couche saline est saisissant. La vision se précise avec une netteté toujours plus réelle et il semble vraiment que nous courons au-devant d'un rivage, dont la nostalgie hante toujours les voyageurs qui parcourent ces « déserts de la soif » comme les Arabes les ont si justement appelés.

Les animaux, les narines dilatées, tendues en avant, ont également conscience de l'image qui flotte devant nos yeux. Leur pas s'allonge; mon cheval fatigué, qui n'avançait plus qu'à coups d'éperon réitérés, semble sortir d'un rêve, j'ai peine à le retenir; les narines au vent, il hume l'air de ses naseaux.

Il ne nous reste bientôt plus que quelques kilomètres pour atteindre le rivage. Nous apercevons distinctement une forêt de palmiers dattiers et une multitude de chameaux qui paissent au milieu d'herbages verdoyants. Au fond, l'écarlate sanguin du soleil colore tout d'une teinte vive.

Le soleil, après un dernier feu lancé sur la terre, disparaît subitement à nos yeux. Et avec lui s'en va le mirage qui a soutenu et avivé notre courage pendant de longues heures. Ce n'était qu'illusion, ce rivage semé d'oasis verdoyantes, tout a disparu en un instant. Nous n'avons plus devant nous qu'une plaine de sel, la soif nous torture et ajoute à la déception une souffrance cruelle. La caravane ralentit sa marche, les chameaux semblent las de ces derniers efforts stériles. C'est tristement que nous continuons notre route et rien ne vient plus distraire nos regards si ce n'est à droite une petite palmeraie que je vois là-bas au pied des dunes à la limite des sables et du sel. Mais je n'ose croire à la réalité de cette vision. A chaque instant, j'ai peur de voir ces quelques dattiers disparaître comme par enchantement.

Nous approchons cependant. La vision au lieu de s'effacer se précise. Il n'y a plus de doute maintenant, une vingtaine de palmiers ont crû au bord de la Sebkha. En quelques minutes j'atteins l'oasis. Pour y pénétrer, je suis obligé d'escalader des monti-

cules de sable fixés par une végétation broussailleuse.
J'avance avec précaution, car je me trouve maintenant en dehors de la vue de notre caravane et l'endroit
me paraît tout à coup solitaire et mystérieux. Je me
trouve transporté dans un coin délicieux d'où s'ex-
hale toute une poésie reposante. Le silence est ab-
solu dans cette petite clairière entourée de quelque
dattiers. Au pied des arbres s'ouvrent trois trous
béants remplis d'une eau croupissante qui, partout
ailleurs qu'ici, inspirerait le dégoût.

Mon choix est vite fait, c'est là que nous allons
dresser les tentes. Ce sera un excellent lieu de séjour pour rayonner dans les environs. Du haut d'une
colline sur laquelle je suis monté j'appelle mes
compagnons qui arrivent. Ils me rejoignent au bout
de quelques instants. A mon grand étonnement, les
zaptiés, lorsque je leur indique le lieu de campement
se concertent et font toutes sortes d'objections sur
l'endroit choisi qui est, paraît-il, trop encaissé et où
l'on peut craindre une attaque de nuit par des pirates. Mais comme un monticule de sable nous domine, on peut y placer le soldat de garde. Je décide
de ne pas trop écouter mes trop prudents gardiens.

Je n'appris que plus tard la cause réelle des objections qu'ils me présentaient.

Mzézem est la seule palmeraie située sur la piste
directe qui unit Châoua à Ghadamès ; cent kilomètres la sépare de Châoua, quarante de Ghadamès.
Toutes les caravanes passent par cette oasis dans
laquelle nous venions d'installer notre campement.

Un bordg est situé à la lisière des arbres, du côté
de la Sebkha. Le bâtiment est en ruine, mais on y
voit encore les tourelles et des meurtrières qui indi-

quent qu'il s'agit d'une ancienne forteresse abandonnée.

Le soir de notre arrivée le chaouch Sadok vint
me trouver sous ma tente. Tout frissonnant de terreur, il me raconta une histoire terrible qui m'é-
claira sur la mauvaise volonté qu'avaient montrée
les zaptiés à vouloir camper dans ce endroit. Il
paraît que tous les voyageurs qui avaient campé où
nous étions étaient morts on ne savait comment. Les
soldats de la garnison du bordg s'étaient endormis
les uns après les autres comme si un esprit malin
s'était plu à exterminer toute vie dans ce lieu maudit. Je plaisantai vivement Sadok sur ses terreurs et
je traitais d'histoires chimériques ce qu'il me racontait.

Le brave homme me supplia de partir le lendemain autrement nous étions, paraît-il, tous condam-
nés à trépasser les uns après les autres. Je lui révélai,
au contraire, ma volonté de rester dans cet endroit
le plus longtemps possible et je refusai absolument
de camper dans une plaine de sel loin de tout abri.
A ces paroles il parut consterné. Il se retira en
m'assurant qu'il mourrait avec moi et ne m'aban-
donnerait pas.

Les indigènes ont creusé à Mzézem trois trous
d'un mètre de profondeur et ont trouvé une eau
boueuse suintant d'une argile noire pleine de détritus
organiques. En examinant ce puits, je trouvais aux
alentours une quantité de petits oiseaux morts et
d'autres qui semblaient respirer avec peine. Une forte
odeur d'hydrogène sulfuré se dégageait du trou nau-
séabond. En plongeant une pièce d'argent dans l'eau
elle se noircit rapidement, il n'y avait plus de doute,

l'histoire du chaouch avait peut-être quelque chose de vrai, puisqu'il s'exhalait du sol des émanations délétères.

Les eaux surchargées de sulfate entraient en contact avec les débris végétaux qui forment le sous-sol de la palmeraie et donnaient naissance au gaz asphyxiant. Nous restâmes trois journées dans ce lieu et nous fûmes très fortement incommodés par ces gaz qui, en forte proportion dans l'air, sont dangereux pour la santé ; d'autant plus que, très lourds, ils rampent sur le sol sans s'élever et s'accumulent dans des cuvettes comme celle où nous étions campés.

Je pénétrai un jour dans le bodg situé près de notre campement, à une centaine de mètres. En passant sous une porte voûtée, je me trouvai dans un vaste espace carré tout autour duquel des ouvertures donnaient entrée dans des chambres obscures.

Quelle ne fut pas ma surprise de trouver là à terre des centaines et des centaines de pauvres petits oiseaux asphyxiés. Là aussi la mort avait frappé ces innocentes bestioles qui étaient venues après de longs parcours dans le désert chercher un abri et se reposer. J'apercevais partout des petits cadavres, sur les corniches, dans chaque anfractuosité des murs délabrés. C'était un spectacle triste que ce lieu de mort où tout était ruine et désolation. Je parcourus de longs corridors, je montai dans les donjons croulants et partout c'était le même spectacle. Quelques unes des bestioles vivaient encore, le corps soulevé péniblement par les derniers souffles de la vie qui s'en va.

Le bordg avait dû être un bâtiment considérable à

en juger par la grandeur des ruines. Il était destiné
à des soldats turcs qui avaient pour mission d'assurer la sécurité des caravanes se rendant de Ghadamès à Tripoli et de les protéger contre les pillards
qui pullulaient dans la région. Mais les esprits
malins avaient exterminé de ce lieu les soldats, et le
bordg était devenu un endroit maudit où les caravanes restaient juste le temps indispensable pour
prendre quelques heures de repos.

Ce lieu, réputé hanté par les esprits, était du plus
mauvais augure, et c'est pour cela que nos compagnons avaient tant craint de s'y arrêter. L'histoire de la garnison de Mzézem, sans doute fortement exagérée, avait été transmise au loin.

Aussi, malgré la fertilité de la terre, et la facilité
qu'il y aurait eu à créer une oasis productive dans
un humus fécond, cet endroit, comme tant d'autres,
était destiné à être envahi par les sables.

Il ne sera sans doute pas possible de sauver ce
coin de terre, car les bédouins se refuseront toujours
à venir l'habiter. Ils ne voudront pas croire à l'effica-
cité des moyens qui pourraient transformer cette
palmeraie en un lieu habitable et peuplé. Ce n'est
pas l'eau qui manque, comme je le montrerai dans
un instant, mais plutôt que de transformer un lieu
sur lequel plane une légende, à l'origine de laquelle
il y a peut-être quelque chose de vrai, les Arabes
aiment mieux abandonner ce groupe de palmiers
avec son bordg démantelé qui resteront là intacts,
entourés d'une auréole de mystère et d'irréel.

J'employai les trois journées que nous passâmes
à Mzézem à parcourir la Sebkha en tout sens. C'est,
comme je l'ai dit, un grand espace rempli en partie

de sel qui forme presque partout une croûte de
vingt centimètres d'épaisseur. Cette croûte boursou-
flée et fendillée recouvre le gypse et l'argile. L'eau
se trouve partout à un mètre de profondeur. La
Sebkha de Mzézem est donc bien un lac qui correspond à une vaste nappe d'eau très superficielle,
mais généralement souterraine.

On observe sur la croûte de sel presque partout
les polygones de dessiccation, ces si curieuses figures hexagonales qui dessinent sur la plaine leurs
formes géométriques. Au milieu de la Sebkha nous
nous dirigeons un jour vers un îlot sombre qui
tranche sur l'éclat blanc du sel. Cet endroit ne
paraît pas être situé bien loin, mais sur ce sol cra-
quelé, crevassé, anguleux, nous avançons lentement.
A mon étonnement nous eûmes presque constamment de l'eau jusqu'au-dessus de la bottine, car
l'eau libre couvrait ici des espaces considérables
quoique la Sebkha soit réputée desséchée. Nous
approchons cependant vers ce petit îlot, le but
de notre promenade. A travers les roseaux, je me
fraye un passage.

J'arrive bientôt devant un ravissant petit lac entouré de toutes parts par une muraille vert sombre,
de plus de trois mètres de hauteur. Le bleu foncé de
l'eau immobile donne à ce lieu un aspect lugubre et
froid.

La profondeur du lac varie de trois à quatre
mètres. Un roseau que j'y enfonce n'atteint pas le
fond.

Pas un souffle de vent ne vient agiter la végétation
qui a crû là on ne sait comment. En me retirant,
j'écrase de petits oiseaux morts qui gisent sur le

sol. Comme dans la palmeraie de Mzézem, les émanations pestilentielles ont accompli ici leur œuvre
de mort, jetant un voile sinistre sur cet endroit qui,
avec un peu de vie, aurait pu être si facilement gai
et coloré.

Le nord-ouest de la Sebkha de Mzézem est dominé par des hautes dunes de sable qui forment
une barrière mouvante. Au nord et à l'est des plateaux tabulaires constitués par des alternances de
gypse et de calcaire, limitent la Sebkha. Cette limite
entre la plaine et les hauts plateaux donne naissance à une muraille sinueuse. Elle forme une bordure dentelée et capricieuse dont les méandres infinis
enserrent des prolongations étroites et allongées de
la Sebkha, au fond desquels débouchent des oueds,
qui arrivent là, après des cours immenses et inconnus.

Je visitai le nord de la Sebkha et la falaise qui
domine la plaine. La falaise n'est pas verticale
comme on pourrait le penser, mais formée par de
grands gradins taillés dans les strates alternativement
tendres et durs du gypse et des grès. Du haut de la
falaise, on domine l'immensité monotone. A mes
pieds quelques points noirs immobiles m'indiquèrent mes compagnons et leurs chameaux. Le long de
la plaine les cristaux de gypse brillaient, marquant
les bords de la plaine par une traînée étincelante.
Au loin, la petite palmeraie, tache sombre et imperceptible où notre campement était établi. Vers
midi, je dévalai les pentes rapides pour rejoindre
mes compagnons qui m'attendaient avec impatience,
brûlés qu'ils étaient par le soleil de midi. Nous
cherchâmes en vain un endroit abrité sous les roches

pour nous mettre à l'abri des rayons solaires. Mais
là, trop près du rocher, la chaleur était étouffante
car l'air surchauffé par la réflexion de la chaleur em-
magasinée y rendait le séjour intolérable. C'est donc
en plein soleil, accroupis comme des sauvages, la
tête blottie sous nos vestes fixées à des bâtons au-
dessus de nous que nous restâmes immobiles pendant des heures.

En rentrant le soir au campement, je trouvai ceux
qui y étaient restés dans le plus complet désarroi. Ils
prétendaient être malades, avoir eu des vomisse-
ments, et souffrir de maux de tête violents. Rester
un jour de plus dans un endroit pareil, était courir
au-devant d'une mort certaine. Ils me signifièrent
que si je voulais prolonger le séjour ici je devais
rester seul. C'était une véritable révolte!

Heureusement que nos travaux étaient terminés
à Mzézem et je pus calmer les insurgés en leur dé-
clarant que nous partirions le lendemain matin de
bonne heure pour Ghodamès, le paradis terrestre
qui brille aux yeux de tous les caravaniers comme
une étoile entourée d'une auréole de vieille réputation.

Le lendemain au point du jour nous quittons
Mzézem. En me retournant, je jette un dernier regard sans regrets sur ces lieux inhospitaliers que
nous abandonnons. La piste longe un instant le bord
de la Sebkha pour la traverser bientôt dans toute
sa largeur.

La marche sur les pistes qui ont été marquées par
d'innombrables caravanes passant toutes au même
endroit est pénible. Dans la croûte de sel s'est formée une série de chenaux parallèles et profonds qui

sont si étroits que les chameaux et les chevaux ont
de la peine à y poser les pieds. Ces rigoles se ramifient, divergent et se rejoignent de la plus capricieuse façon et obligent le voyageur fatigué par la
réverbération étincelante des cristaux de sel d'avoir
l'esprit toujours en éveil pour maintenir sa monture
dans la bonne voie.

Le long du chemin, comme pour rendre plus désolé le spectacle de ces solitudes, gisent des car-
casses de chameaux qui continuent à pourrir et à se
putréfier sous l'ardent soleil.

Ces pauvres bêtes ont été abandonnées par les
caravanes qu'elles n'ont pu suivre jusqu'au bout.
Elles sont tombées, agonisantes, victimes de la faim
et de la soif. Les tortures subies sont d'autant plus
terribles ici que l'atmosphère est chargée d'émanations salines qui produisent sur les muqueuses une
irritation pénible.

Nous traversons la Sebkha dans sa petite largeur
qui atteint tout au plus une dizaine de kilomètres.
Mais ce sont trois heures de souffrance, non seulement de souffrances physiques, mais aussi de tortures morales qui proviennent de la mélancolie dont
l'esprit est imprégné insensiblement en traversant
ces déserts salés.

Nous avons l'œil fixé sur une échancrure du plateau pierreux qui, en face de nous, nous sert de point
de repère et nous indique la route à suivre. Dans un
paysage monotone on supporte difficilement les
mêmes fatigues qui seraient légères au voyageur
traversant une région où à chaque pas en avant correspond pour les yeux un changement de décor.

Arrivés au pied de la falaise, surbaissée en cet endroit, nous nous élevons rapidement parmi les roches. Au bout de peu de temps nous nous retrouvons de nouveau sur le haut plateau pierreux.

Nous traversons encore plusieurs Sebkha que nous dominons de toute la hauteur des strates qui forment les hauts plateaux.

Ces petites Sebkha paraissent du reste être en relation avec l'énorme cuvette de Mzézem, mais la liaison est indirecte et se fait par des détours immenses. Une montée longue et uniforme nous amène à un passage échancré entre deux garas, qui dominent, semblables à deux tours, un défilé dans lequel nous nous engageons. A la partie culminante nous avons devant nous toujours l'uniformité monotone d'un pays qui s'étale vers le Sud en s'abaissant insensiblement.

Sur le plateau pierreux à l'horizon un faible point noir grossit rapidement. Un vent d'une violence inouïe s'élève soudain. J'ai toutes les peines du monde à me tenir en équilibre sur mon cheval qui se cabre et refuse d'avancer. En même temps le ciel s'obscurcit, le sable soulevé nous aveugle et un instant après une véritable trombe s'abat sur nous. Nous passons en quelques instants d'une chaleur sénégalienne à un froid glacial qui nous transit. Nous continuons notre route en claquant des dents, secoués de frissons. C'était un cyclone qui, poussé par un vent violent, venait de nous atteindre. Il dura à peine quelques minutes et subitement, comme par enchantement, le ciel s'éclaircit, le vent se calma, et le soleil vint nous réchauffer de ses bienfaisants rayons. Un peu plus tard nous étions dans une atmosphère surchauffée. En me retournant j'aperçus

le cyclone qui s'éloignait rapidement, grande colonne
chatoyante sous les rayons solaires.

Nous avons tous hâte d'apercevoir l'oasis tant dé-
sirée lorsque surgit un Berbère chargé de son fusil
et d'une sacoche portée en bandoulière. C'est le
courrier postal qui unit Ghadamès au monde des
vivants. Il me demande si j'ai une lettre à lui re-
mettre ou une commission dont il pût se charger.
Mais, sur ma réponse négative, il reprend sa route de
son pas élastique et infatigable. L'endurance des
Berbères est étonnante. Cet homme seul ne craignait
pas de faire quatre journées de marche, c'est-à-dire
plus de cent cinquante kilomètres dans le désert
sans rencontrer une âme. Il n'avait avec lui que
quelque nourriture pour la route. Il marchait ainsi
presque sans arrêt, ne prenant que quelques heures
la nuit pour se reposer. Enroulé alors dans son burnous, ce vêtement indispensable à tous les voyageurs sahariens, blotti dans quelque anfractuosité
de la roche, il reprendra des forces pour l'étape suivante. C'est le même homme qui fait ce trajet deux
fois par mois pour une somme d'argent minime.
Mais telle est la nature du Berbère, que pour lui,
courir dans le désert n'est pas un travail. Il a dans
cette action conscience de son indépendance, il aime
mieux ce travail libre, qui nous paraît si terrible à
nous, qu'une servitude de chaque instant, que sa
nature fière et indomptable ne peut supporter. Lorsqu'il chemine ainsi, il jouit de sa liberté, c'est l'espace qu'il lui faut, l'espace aux horizons infinis.

Un mince liséré sombre sur le fond clair des
sables et des roches tout à fait dans le fond an-
nonce l'approche de Ghadamès.

Pendant des heures de marche nous voyons toujours le même spectacle, et il nous faut encore longtemps pour pouvoir donner plus de précision à cette apparition vague, qui flotte, comme le mirage d'un paradis promis, devant les yeux du voyageur, qui vient de traverser d'immenses espaces sans eau et sans végétation.

Cependant peu à peu, à mesure que la distance qui nous sépare encore du but tant désiré diminue, les images deviennent plus nettes, et il est bientôt possible de distinguer les grandes lignes qui estompent la célèbre oasis. Ghadamès est là devant nous, à quelques kilomètres, au fond d'une cuvette entourée de tous côtés par des montagnes qui l'enserrent, comme un précieux joyau est encastré dans sa monture. L'émotion nous étreint à la pensée que nous sommes devant cette ville du désert dont les plus célèbres voyageurs ont rapporté depuis longtemps déjà de si curieuses descriptions. Nous avons hâte d'arriver, mais il y a cependant quelque chose qui nous retient et nous attire, devant cette oasis, sentiment difficile à analyser, sans doute formé par un mélange de terreur et de curiosité, provenant peut-être de la réminiscence des anciennes descriptions, qui ont représenté ce lieu, tantôt comme un repaire de tribus sauvages chez lesquelles il était téméraire de pénétrer, tantôt comme une ville enchantée où l'on jouissait des spectacles les plus doux en se délassant des dures fatigues des longues marches.

Les palmiers donnent naissance à une sombre muraille, qui s'étend sur plus d'un kilomètre de longueur. En avant de l'oasis, une sorte de voûte

s'élève là, semblable à un ancien arc de triomphe à
demi enfoui dans les sables, comme abandonné par
les palmiers qui se sont retirés. Sur notre droite,
s'étendent d'immenses jardins. Une porte monu-
mentale y donne accès, véritable château fort antique
gardant l'entrée d'une citadelle invisible cachée sous
une luxuriante végétation. A gauche un mur entoure
des ruines innombrables cachées sous les sables
mouvants qui se sont amoncelés derrière la muraille,
après s'être déversés à l'intérieur par des brèches
ouvertes et jamais refermées.

La nouvelle de notre arrivée s'est répandue
comme une traînée de poudre. Nous sommes entourés par une foule de Berbères et de nègres qui nous
regardent curieusement. Arrivés devant la porte
massive qui donne entrée dans la ville par le sud,
nous mettons pied à terre, et tandis que mes compagnons s'occupent des chameaux, un petit Berbère,
à la frimousse engageante, s'empresse de prendre
mon cheval par la bride. Je me dispose à pénétrer
dans Ghadamès pour me présenter au gouverneur
de la ville et lui demander un logement.

CHAPITRE VI

GHADAMÈS

Ghadamès. — Chez le gouverneur. — Chambre de fonctionnaire. — Une vaste maison nous est fournie par le gouvernement. — Réception du Kaïmakaq Mahmoud Faousi. — Accueil amical. — Le mystère de Ghadamès. — Situation de l'oasis. — Étape importante. — Promenades dans la ville. — Rues couvertes. — Carrefours. — Amabilité des Ghadamésiens. — La nouvelle ville. — L'art. — Camp targui. — Les Idoles. — Ruines. — Bassin d'Arhechchouf. — Eau thermale. — Bains. — Source froide. — Sol de Ghadamès. — Les jardins. — Les cultures. — Le trafic du Soudan. — Les caravanes. — Les marchands arabes. — Diminution du transit. — Sa cause. — La chute de Ghadamès. — Industrie. — Les cuirs. — Les armes. — Les habitants. — Les Berbères. — Les Touareg. — Camp des Touareg. — La population nègre. — Sa transformation intellectuelle. — Son mélange avec les Berbères. — La langue. — Fanatisme. — La population turque. — L'élément militaire. — Les fonctionnaires civils. — La frontière à Ghadamès. — Isolement et tristesse de Ghadamès. — Les marabouts. — Sur le toit de notre maison. — Les mosquées. — Simplicité des fonctionnaires. — Leur obéissance. — Le marché. — Avenir de Ghadamès.

C'est le 10 mai que, précédé du zaptié, l'interprète Mustapha, je pénétrai sous l'énorme porte sud de Ghadamès qui défendait jadis de ses formes colossales l'entrée de l'oasis. Nous longeâmes quelques instants la muraille à l'intérieur pour arriver dans une rue bordée des deux côtés par de vastes maisons spacieuses à l'aspect hospitalier et confortable.

Après quelques minutes de marche pénible sur le
sol sableux nous nous arrêtons devant une porte
rustique d'apparence qu'un Arabe nous indique être
l'entrée de la maison du Kaïmakan. A nos coups réitérés frappés avec impatience un homme dont la tête
est cachée par un burnous épais vint ouvrir avec
précaution et manifesta un vif étonnement à notre
vue. Je demandai le Kaïmakan. Notre interlocuteur
nous répondit qu'il allait le prévenir de notre arrivée,
et il nous fit entrer dans la maison. Il nous conduisit
dans une chambre du plus misérable aspect. Un lit
et deux chaises constituaient tout l'ameublement.
Par terre des nattes épaisses et des coussins indiquaient que c'était surtout là, qu'accroupis, les habitants aimaient à se tenir. Un narghilé fumant
encore avait rempli la chambre d'une odeur par-
fumée et suave qui donnait à l'atmosphère cette
transparence qui est comme l'expression même de
l'Orient. Des armes bizarres, aux formes tourmen-
tées et barbares ornaient, comme des trophées, les
murs blanchis de la chambre. Tandis que je regar-
dais curieusement les objets qui m'entouraient, le
secrétaire du Kaïmakan, car, à ce qu'il me dit,
c'était son titre, réapparut et m'annonça que le
gouverneur était occupé, mais qu'il allait me conduire lui-même dans une maison prête depuis plusieurs jours pour me recevoir.

Mais ce n'était pas une maison qu'on avait préparée, c'en était plusieurs, que le gouverneur avait fait
évacuer et nettoyer afin que je n'eusse que l'embarras
du choix. Je portai ma préférence sur une belle
habitation située au centre du quartier des Beni
Ouzil; je serai logé au milieu de la ville et j'aurai

toutes les facilités pour la visiter les jours suivants.

A côté de notre habitation un grand jardin avait été mis à notre disposition pour parquer les chameaux. Je remerciai vivement le secrétaire et il me quitta.

J'étais occupé à faire ranger les bagages qui arrivaient peu à peu avec les chameaux quand Mustapha vint me prévenir que le Kaïmakan Mahmoud Faousi était là. Je m'empressai d'aller à sa rencontre. Un bel homme, serré dans une redingote, coiffé du fez sorti de la forme était devant moi avec deux soldats. Il me souhaita la bienvenue en termes chaleureux. Mahmoud Faousi me donna deux soldats qui devaient rester au bas de ma maison et me servir de domestiques. Tandis que je m'entretenais avec lui je constatai avec stupéfaction que le Kaïmakan n'était autre que le secrétaire en redingote ! le même que j'avais quitté quelques minutes auparavant. J'eus beaucoup de peine à ne pas rire de cette comédie et je dus faire de sérieux efforts pour ne pas me montrer impoli envers un homme qui avait agi avec beaucoup de déférence.

Voici ce qui s'était passé. J'avais surpris le Kaïmakan par mon arrivée subite à l'heure du repos et malgré les sentinelles qu'il avait postées pour signaler mon approche. Pris à l'improviste, il s'était fait passer, pour sauver les apparences, pour un employé du gouverneur et ce n'est que lorsqu'il fut habillé de son costume de cérémonie qu'il osa venir me saluer officiellement. Je lui fis remarquer qu'au désert il n'était pas indispensable d'agir selon l'étiquette la plus sévère et que moi-même j'étais fort mal mis avec mes vêtements déchirés après un long

voyage. Mais il ne voulut rien entendre, et tint à me
recevoir avec tous les honneurs dus à un étranger
et selon les lois sacrées de l'hospitalité.

Tandis que nous nous entretenions, assis dans la
cour intérieure de notre maison, une dizaine de soldats aidaient nos chameliers à décharger les chameaux et nos lits. Le domestique du Kaïmakan nous
apporta le café et les cigarettes.

J'étais surpris d'une réception aussi gracieuse, car
je m'attendais à être toléré beaucoup plus qu'à être
reçu comme un ami.

On a répandu les histoires les plus ridicules sur
Ghadamès et je pensais comme tant d'autres qu'il
était difficile d'y pénétrer.

Encore dernièrement, un grand journal ne craignait pas de suggérer que les Turcs mettaient beaucoup de mauvaise volonté à laisser visiter l'oasis
par les étrangers. Or, si je raconte longuement les
réceptions amicales qui m'ont été faites, c'est pour
démolir une fois pour toutes les calomnies dont les
Turcs ont été l'objet dans un but essentiellement politique. Je considère comme un devoir de raconter
simplement ce que j'ai vu à une époque où la Turquie, traverse une phase difficile de son histoire
et est trop modeste pour dévoiler l'œuvre qu'elle a
poursuivie dans ces pays reculés.

La maison qui m'avait été donnée par le gouverneur était une des plus confortables de la ville. A
l'étage supérieur, plusieurs chambres spacieuses
s'ouvraient sur une vérandah faisant le tour de la
cour. Il y avait là tout ce qu'il nous fallait, cuisine,
salon, chambres à coucher. Le gouverneur, dans son
amabilité, nous fait porter des nattes et des tapis

tures dans les chambres qu'il regrettait de ne pouvoir meubler comme il l'aurait désiré.

Au rez-de-chaussée, d'autres chambres et des couloirs sont occupés par nos zaptiés, qui sont chargés de monter la garde avec les soldats supplémentaires fournis par le gouverneur de Ghadamès. On ne pouvait être installé mieux.

J'eus beaucoup de peine à obliger le gouverneur de ne pas se dessaisir pour moi de tout ce qu'il avait ; il voulait me donner jusqu'à son lit.

La ville de Ghadamès est très bien connue (1) et nous en avons eu de nombreuses descriptions faites par des voyageurs qui l'ont visitée il y a déjà longtemps. Ceux qui en ont donné des détails les plus précis sont : Laing, Richardson, Dickson, Bonnemain, Duveyrier, Marcher, de Polignac, Vatonne, Largeau, pour ne citer que les explorateurs qui ont fait de longs écrits de leurs voyages. De Polignac et Vatonne ont même dressé un plan très exact de la ville. Je ne nomme ici que les voyageurs les plus connus, mais depuis Largeau, en 1876, souvent Ghadamès a été visitée par des Européens et la ville n'a plus rien actuellement de ce mystère qu'on se plaît encore parfois à évoquer. Ghadamès est une ville curieuse, sans doute, qui a eu son heure de grandeur et de célébrité, mais elle est bien déchue maintenant.

Il faut bien reconnaître que c'est grâce au voile plein de mystère qui a flotté anciennement comme une gaze semi-transparente autour de Ghadamès que les voyageurs et les géographes ont été amenés à s'occu-

(1) Tout dernièrement M. Pervinquière, l'éminent professeur de la Sorbonne, a publié une série d'articles très instructifs sur Ghadamès dans *la Géographie*, *le Temps* et *l'Illustration*.

per avec passion de ce lieu qui ne se distingue guère
des autres oasis que par un isolement plus complet,
au milieu d'un pays sans intérêt, aride et désolé.

Ghadamès est isolée. De l'oasis il faut plusieurs
étapes pour atteindre d'autres palmeraies dont la
mauvaise eau des sources est à peine suffisante
pour désaltérer les chameaux des caravanes. Mais,
d'autre part, c'est un lieu d'étape très important. Un
coup d'œil jeté sur une carte générale montre de
suite la situation privilégiée de Ghadamès qui occupe
le centre d'une sorte d'isthme séparant, à l'ouest,
les océans de sable du sud tunisien des déserts pierreux de la terrible Hamâda-el-Homra, à l'est. C'est
par cette langue de terre que passent les caravanes
qui, du Soudan, se rendent à Tripoli et c'est encore
par là le plus court chemin pour se rendre au pays
des Ahagar. Ghadamès est aussi un lieu d'étape
pour les convois qui se rendent dans les oasis si
populeuses de Ghat au sud du Fezzan. C'est par
Ghadamès que, jadis, défilaient les grandes caravanes d'esclaves à destination de l'Orient avant que
la Porte, par des mesures sévères, défendît la traite.
C'est par là aussi que se faisait en grande partie le
commerce du Soudan, c'est par là qu'arrivaient les
grandes caravanes chargées de cuirs, de poudre
d'or, et qu'en retour passaient pour le sud les produits manufacturés.

Mais l'importance de Ghadamès a bien diminué.
La fin de l'esclavage est certainement pour beaucoup
dans la chute et l'abaissement de l'Orient. On ne
peut pas, dans ce pays, concevoir le faste et la grandeur sans les captifs. Si les oasis dépérissent envahies par les sables, si elles sont désertées par les

Arabes, c'est qu'il n'y a plus d'esclaves pour y travailler.

La surface occupée par l'oasis était bien plus
grande anciennement qu'aujourd'hui. Elle couvrait
un espace de 1.500 mètres du Sud au Nord et autant dans la direction Est-Ouest. Toute la partie
nord est occupée par de grands jardins, mais une
partie est abandonnée et envahie par les sables.
C'est dans la partie sud que se trouve la ville, amas
de maisons qui se touchent les unes les autres par
leur partie supérieure et au milieu desquelles sont
creusés des couloirs obscurs et étroits qui remplacent
des rues. Ce sont de véritables galeries de mines
avec des boisages formés de troncs de palmiers
contre lesquels on se heurte constamment la tête.
Il faut un guide pour pouvoir se reconnaître dans ce
dédale enchevêtré de boyaux qui ne sont éclairés
que de loin en loin par des ouvertures pratiquées
dans l'énorme épaisseur des murailles.

Ces ruelles sont si étroites que c'est un par un
qu'il faut cheminer et souvent, dans l'obscurité qui
y règne, on tâtonne avec hésitation avant de s'en
aller dans l'inconnu. Parfois, au loin, une lumière
vous guide, et il semble que l'on n'a qu'à se diriger
de ce côté, mais l'on ne cesse de se heurter aux murailles sinueuses qui vous séparent encore, comme
autant d'obstacles, du but à atteindre. Grâce à l'obligeance du gouverneur Mahmoud Faousi qui tint à
me montrer en personne tous les coins et recoins de
la ville je pus pénétrer partout et je me rappellerai
toujours ces longues promenades que nous fîmes à
la file indienne, promenades pendant lesquelles je
tenais le pan de la redingote du digne représentant

de la Turquie pour ne pas perdre mon guide précieux, invisible dans l'obscurité.

Les galeries débouchent dans des parties élargies
qui reçoivent le jour par en haut. Ces carrefours
sont entourés de bancs de pierres recouverts de tapis turcs, c'est le rendez-vous de la population de
Ghadamès qui vient ici passer le temps dans l'indo-
lence et dans l'oisiveté.

Les Ghadamésiens sont hospitaliers et, chaque
fois que je traversais les petites places, de vieux
Berbères aux nobles traits m'invitaient à venir me
reposer sur les divans à côté d'eux. Nous passions
là de longues heures à causer et j'écoutais, tout en
buvant le café et en fumant, les contes qu'ils narrent
avec tant de facilité. Au bout de quelques jours
il nous semblait avoir toujours habité Ghadamès.
Nous passions de délicieuses journées sur ces
places où le soleil ne peut pénétrer que rarement, à
cause des murailles élevées et en saillies qui font
ressembler ces carrefours à des fonds de puits.

C'est donc bien à tort que l'on dit que les Ghadamésiens et les Turcs ne veulent pas laisser pénétrer
le mystère de leur ville, car de mystère il n'y en a
guère et j'ai partout vu l'empressement de tous à me
montrer ce qui pouvait avoir quelque intérêt.

Si parfois des voyageurs armés jusqu'aux dents
ont voulu se promener dans la ville, en montrant
ostensiblement leurs armes, est-il étonnant qu'ils
aient trouvé une résistance? Si l'on imaginait le procédé inverse d'une troupe d'Arabes arrivant, brandissant leurs fusils dans une ville d'Europe, notre
police ne les laisserait pas longtemps en liberté.

Le Ghadamésien est, comme je l'ai dit, aimable, et

pendant les dix jours passés dans l'oasis, du matin
au soir les habitants venaient me chercher pour me
montrer les curiosités de leur ville.

L'architecture de certaines rues larges et aérées
est curieuse. Des arcades crénelées ont été lancées
en travers pour soutenir les murailles élevées des
maisons. Ailleurs, ce sont des places couvertes dont
les voûtes sont supportées par des colonnes sur lesquelles les inscriptions et les reliefs sont du plus
pur style berbère.

La partie sud de là ville a moins de cachet que la
partie nord. Les rues sont plus larges et en partie à
ciel ouvert, encaissées entre les murs des maisons.
Elles sont recouvertes d'un sol sableux sur lequel
on marche péniblement. Dans cette partie, qui
paraît du reste plus moderne, se trouvent des mai-
sóns plus vastes et mieux aménagées. On m'y a
également montré les curieuses fenêtres d'une
mosquée dont les moulures rappellent le style romain.

Dans la partie sud de la ville, à la limite des
jardins, mais en dehors, se trouve la caserne qui
abrite en temps ordinaire quelques centaines de
soldats. C'est un vaste bâtiment rectangulaire situé
sur le flanc du plateau qui s'élève au-dessus de la
ville. Dans cette partie des Touareg misérables,
mourant de faim, ont établi leur campement. Ils se
sont construits des demeures primitives au milieu
de ruines anciennes. Des pans de murailles s'élèvent
là, isolés comme des tours à moitié détruites.
L'imagination fertile orientale en a fait des « idoles ».
Ces fragments d'antiques monuments, qui ont une
origine douteuse, sont bien posés là comme pour

servir à l'adoration d'un peuple. Les colonnes
représentent peut-être les restes d'une ancienne
forteresse berbère qui devait protéger, de ses for-
midables remparts, l'oasis construite à ses pieds.
On voit même en plusieurs endroits des fondations
importantes ressemblant à celles des forteresses du
Djebel Nefousa. Mais il n'y a rien de romain dans
ces constructions, et personne ne peut affirmer que
l'on soit ici en présence d'anciens monuments funé-
raires des rois Garamantes comme on l'a parfois
supposé.

Il n'existe à Ghadamès aucuns restes romains
analogues à ceux dont les ruines jalonnent le haut
du Djebel Nefousa. Aucune inscription ne présente
les caractères vraiment certains d'authenticité ro-
maine. L'architecture est partout de style berbère.

Ghadamès était jadis une ville fortifiée, car elle
avait à se défendre contre les attaques des pillards.
Un mur d'enceinte d'une longueur de cinq à six kilomètres l'entoure encore en partie. Mais ce mur
n'est plus qu'une ruine indiquant seulement l'emplacement d'une ancienne muraille bien conservée
encore en quelques points isolés. Elle s'élève majes-
tueuse au nord de la ville, et au sud près de la
grande porte. En arrière, des jardins sont abandonnés et enfouis sous les sables. Des amas informes qui couvrent de grands espaces à l'ouest et
à l'est de la ville révèlent l'existence d'anciennes
maisons aujourd'hui tombées en ruine. Les habitants se sont réfugiés dans le centre et le sud de
l'oasis.

Il va sans dire que ces débris d'une activité
plus grande indiquent une diminution considérable

de la population et de la richesse des habitants, ainsi que la réduction d'un commerce jadis florissant.

L'eau à laquelle l'oasis doit son existence, jaillit au centre de la ville au milieu d'un grand bassin duquel partent dans toutes les directions des canaux qui servent à la conduire jusque dans les jard'ns les plus éloignés. Elle sort sous pression en formant de grosses bulles, c'est une eau tiède. Le bassin carré est dominé de toutes parts par des murs élevés. Chaque matin nous allions prendre un bain. La température agréable de l'eau nous délassait des fatigues d'un long voyage. Le bassin, d'une dizaine de mètres de longueur, et d'une profondeur de 3 à 4 mètres, était à notre arrivée rempli d'herbes, mais deux jours plus tard, quelle ne fut pas notre surprise de constater que le Kaïmakan, dans un but aussi aimable qu'hospitalier, avait pris la peine de le faire entièrement nettoyer. Aussi, grâce à cette obligeance, nous pûmes chaque matin nager pendant de longs moments dans cette piscine idéale. Après avoir tant souffert de la chaleur ces bains pris dans cette oasis étaient délicieux. La source que l'on appelle : *Arhe-chchouf* est thermale, mais il est bien probable que l'eau ne doit pas venir de grande profondeur, comme on l'a supposé, car presque partout dans la région il existe des nappes acqueuses très près de la surface. A moins que ces nappes elles-mêmes ne soient le résultat de sources artésiennes dont l'eau s'est répandue sur de grands espaces.

D'une autre source, située à l'ouest de la ville, jaillit une eau froide, abondante, qui coule de bassin en bassin et sert également à l'irrigation des jardins.

Comme à Châoua, les jardins sont creusés sous

le sol de la ville et ceci pour la même cause. Il
a fallu atteindre une argile calcaire féconde et enlever la croûte de gypse qui forme tout autour de
Ghadamès le fond de la cuvette. Ce sol boursouflé,
souvent recouvert d'une croûte de sel, est très probablement relié à la plaine si identique de Mzézem.
Ce n'en serait qu'une dépendance sud et la communication se ferait par des chenaux latéraux.

La position des jardins au fond de trous, a facilité
le système d'irrigation. Il a suffi de creuser des canaux judicieusement ramifiés pour que toute l'oasis
soit arrosée, sans qu'il y ait besoin d'un moyen
mécanique élévatoire pour l'eau. On comprend aussi
pourquoi toutes ces conditions réunies ont fait de
ce lieu un endroit de repos dont on parle au loin,
car on n'y a aucune peine pour l'entretien des jardins. Il suffit de planter pour récolter, l'arrosage se
faisant de lui-même.

Les jardins sont petits, chaque habitant a le sien.
On y pénètre par une porte étroite dont le propriétaire a toujours la clef suspendue à la taille. Un jardin a en général peu de dattiers, mais les dattes de
Ghadamès sont réputées plus grosses et meilleures
que celles des autres oasis. Dans les jardins poussent
encore des figuiers et des abricotiers dont les fruits
sont petits mais succulents. La pastèque croit en
bondance. Le froment et l'orge sont très répandus.
Les dattiers sont d'un bon profit, car ils peuvent
donner en une ou deux années le chargement complet d'un chameau, ce qui équivaut à une somme de
cinq cents francs. Les dattes sont vendues dans
les villes du Djebel, à Tripoli ou dans les localités
du sud Tunisien.

Ghadamès était essentiellement une ville de commerce par où passaient les marchands arabes faisant les grands voyages de Tripoli au Soudan, au Tchâd, au Sokoto et au Bornou. Encore aujourd'hui Ghadamès est visitée par de nombreuses caravanes, mais ce n'est plus rien en comparaison du trafic ancien qui était considérable. De Ghadamès à Tombouctou il faut trois mois de voyage, mais le pays vers le sud devient moins aride et les oasis plus *nombreuses par suite de l'humidité croissante. Généralement, lorsque des marchands arabes partent* de Tripoli avec leurs chameaux chargés de produits manufacturés et de denrées coloniales ils restent *absents deux ou trois années. Arrivés au Soudan* ils parcourent le pays en vendant eux-mêmes les produits qu'ils ont apportés. L'écoulement de ceux-ci dure longtemps, car la ténacité de ces marchands ést connue; plutôt que de baisser le prix d'un objet dont ils ont établi la valeur souvent exagérée, ils préfèrent parcourir des centaines de kilomètres supplémentaires pour trouver un acheteur. Ils mettent, à ne pas diminuer le prix fixé, tout l'orgueil de leur race. *Une fois les charges vendues, ils se procurent* avec l'argent gagné des produits du Soudan, de la poudre d'or, des objets travaillés, des peaux, qu'ils vendent à Tripoli. Le bénéfice est ainsi double. Un voyage complet dure au moins deux ans.

C'est à une époque déterminée, au printemps, que les longues caravanes du Soudan arrivent à Tripoli. Le commerce est bien déchu aujourd'hui. La cause en est à la pénétration par le sud et l'est des négociants européens qui ont établi leurs comptoirs jusque dans les coins les plus reculés du centre

africain. Ils ont fait ainsi, en apportant à vil prix des
marchandises aux nègres du Soudan, une redoutable
concurrence aux marchands arabes. L'issue de la
lutte n'est point douteuse. Les Européens, grâce
aux puissantes compagnies qu'ils ont créées, peuvent
fournir les objets et les denrées du Nord à bien
meilleur marché que les Arabes. En outre, des
chemins de fer vont bientôt relier les localités du
centre Soudanais aux grands ports de la côte de
l'Afrique occidentale. La facilité des transports
donne un avantage décisif aux comptoirs européens
qui ruineront bientôt le commerce des grandes caravanes. Celles-ci sont appelées à disparaître comme
étant un moyen de transport trop long et dispen-
dieux, c'est un genre de locomotion qui n'est pas
sans poésie et que l'on regrettera, mais il ne peut
pas lutter contre les chemins de fer.

Il est déjà condamné.

C'est là qu'est la cause de la chute de Ghadamès.
Ne vivant que du passage des caravanes, elle périra
d'inanition lorsque celles-ci ne viendront plus réveiller de temps en temps les habitants indolents
qui se prélassent, à l'ombre bienfaisante des dattiers,
ou sur les divans des places couvertes.

On évaluait, il y a quelque vingt ans, le commerce
de Ghadamès à deux ou trois millions par année;
mais il est hors de doute qu'aujourd'hui ces chiffres sont exagérés et dépassent de beaucoup le mon-
tant des échanges qui peuvent se faire actuellement.

L'industrie n'est cependant pas complètement
nulle. La préparation des cuirs occupe un certain
nombre d'habitants. Les souliers fabriqués à Ghadamès sont très recherchés par les Arabes qui en

aiment l'excellence du cuir, la légèreté et la souplesse. La marque de Ghadamès est renommée au loin dans le désert.

Avec le cuir on fabrique aussi des ceintures et des bretelles qui servent à porter les armes.

La fabrication d'armes blanches occupe quelques habitants. Ces armes ont des formes bizarres, leurs lames dentelées et sinueuses sont étranges. Elles sont portées par les Touareg, car les Berbères généralement se contentent de leurs longs fusils à pierre. J'ai admiré de jolis poignards dont les manches étaient très curieusement travaillés et qui se fixent par une attache au poignet gauche, la pointe vers le coude. Cette manière de porter l'arme présente un grand avantage en cas d'attaque car il est facile de saisir le manche instantanément avec la main droite. Ces armes sont vendues aux étrangers comme curiosité et sont avec les objets en cuir transportés à Tripoli et surtout à Tunis où ils s'accumulent dans les Souks.

Les habitants de Ghadamès appartiennent à la race berbère quoique certaines factions prétendent être d'origine arabe, mais on ne peut ajouter foi à ces assertions et il est bien difficile d'établir des distinctions précises. Anciennement les deux tribus principales se fréquentaient peu. Les Beni Oualid habitaient au nord de l'oasis, les Beni Ouazil au sud. On raconte même qu'un habitant d'une tribu n'avait pas le droit d'aller se promener dans la partie de la ville occupée par la tribu voisine, mais actuellement, étrangers et Ghadamésiens passent partout en toute liberté. Ces deux tribus sont aujourd'hui mélangées et on ne peut plus faire de distinction.

Les Touareg sont nombreux à Ghadamès et représentent la véritable race berbère pure et sans mélange. Ce sont des hommes de plus de 6 pieds de haut, aux épaules larges et carrées. Enveloppés dans leurs burnous et la figure voilée ils ne laissent de libre qu'une partie de la face où brillent deux yeux noirs et perçants. Hommes superbes ils ont tout dans leur allure de cette intrépidité dont on se plaît à revêtir les guerriers qui sillonnent le désert. Leur peau est plus foncée que celle des Ghadamésiens. Ils ne sortent généralement qu'armés jusqu'aux dents et sous les plis de leurs amples habits on devine à certaines raideurs les lames des poignards et des couteaux. Leur indépendance est proverbiale. Ils ne sont pas courbés sous le joug comme d'autres peuples, ils ont gardé leur fierté et ne sont point avilis. Encore maintenant, lorsqu'ils se promènent à Ghadamès, les étrangers et surtout les chrétiens doivent se ranger à leur passage pour éviter des incidents.

Un jour, j'en rencontrai deux dans une rue étroite et dans mon ignorance des usages j'allais les bousculer pour passer. Mais le zaptié qui m'accompagnait m'avertit à temps et me fit comprendre qu'il était plus prudent de ne pas agir aussi brutalement. Inutile d'ajouter que je suivis son conseil ne tenant pas à me mesurer avec ces colosses qui auraient certainement été sans pitié pour un chrétien.

Les Touareg ont gardé le caractère de leur race, et l'on ne peut que les admirer d'avoir conservé, au milieu des luttes, les coutumes de leurs ancêtres. Une partie des Touareg, surtout les pauvres qui n'ont pu acheter ou construire une maison en ville, ou habiter chez des connaissances de l'oasis, campent parmi les vieilles ruines près des Idoles ou même ont creusé des habitations primitives en cet endroit. D'autres y ont dressé leurs tentes. On a appelé ce quartier situé à la limite de l'oasis, près des Idoles le camp targui.

Il n'est nullement dangereux de s'y promener, mais il ne faut pas craindre d'être assailli par une foule de mendiants, maigres, à peine vêtus. Avec quelques paras on s'en débarrasse facilement.

Les Touareg et les autres tribus de Ghadamès, vivent en parfaite intelligence. Il semble bien que les vieilles haines qui ont anciennement séparé les diverses tribus soient maintenant complètement assoupies et remplacées par une amitié plus ou moins vive ou par une indifférence passive.

Il existe à Ghadamès une véritable population nègre descendant en partie des anciens esclaves. Ce n'était pas seulement les hommes que jadis on amenait du Soudan, mais aussi des femmes. Ils ont fait souche et leur nombre s'est augmenté rapidement. Cette population est maintenant absolument indépendante et jouit presque de privilèges égaux à ceux des indigènes. Les nègres possèdent à Ghadamès des maisons, des jardins et des chameaux. Ils sont sans doute moins influents que les Berbères, mais cela tient au caractère inné du nègre, caractère docile et bon enfant qui se plaît à l'obéissance et à l'absence de soucis. Néanmoins on peut remarquer que les nègres, qui ont une facilité d'assimilation remarquable, ont perdu peu à peu par la fréquentation des Arabes leur caractère doux. Beaucoup ont pris les manières hautaines et fières de leurs anciens maîtres.

Ces nègres sont originaires en grande partie du Soudan. Il est facile de le reconnaître aux caractéristiques de leur race. Ils sont noir foncé, grands, ils ont l'ossature puissante, les lèvres énormes et le nez très épaté. Les nègres n'ont, en partie du moins, pas su conserver leurs langues et leurs noms, ils sont complètement berbérisés, parlent la langue du pays et portent un nom arabe.

En outre, ce qui montre bien les bons rapports qui existent entre les nègres et les habitants autochtones, c'est qu'ils se sont complètement mêlés aux Berbères. Il s'est ainsi formé des métis issus de Ghadamésiens et des anciens esclaves nègres amenés du Soudan. Dans les rues de Ghadamès on rencontre les hommes aux teints les plus divers allant du noir foncé au brun clair.

Les habitants de Ghadamès parlent une langue spéciale qui a des affinités avec la langue du Djebel et la langue targui. Du reste, je montrerai plus loin que dans le Djebel même il y a deux langues qui sont parlées par les habitants de villages très voisins. Mais à Ghadamès on sent l'influence targui qui n'a pas pénétré dans le Djebel.

Ce qui caractérise surtout cette population mêlée, c'est son fanatisme religieux et le dédain du chrétien qui est poussé bien plus loin que dans le nord. Ghadamès appartient entièrement à l'Islam. Ceux qui n'ont pas voulu de la promiscuité des chrétiens dans les territoires de l'ouest s'y sont retirés.

J'eus parfois en me promenant dans la ville des difficultés avec des marabouts qui ne voulaient pas me laisser passer librement dans les rues que j'aurais souillées de ma présence. Mais l'intervention

du kaïmakan faisait généralement disparaître cet
excès de scrupules religieux. Et je n'eus en réalité pas trop à me plaindre de ces trop fidèles
croyants du Coran. Quelques explications un peu
vives mirent fin à ces incidents, et les jours suivants
toutes les routes m'étaient ouvertes.

La population turque est représentée à Ghadamès
par les employés du gouvernement. Le kaïmakan
est turc. Ces gouverneurs de contrées éloignées sont
choisis avec le plus grand soin. Ils doivent être des
hommes intelligents, fidèles au gouvernement, hon-
nêtes et posséder une certaine culture.

Leur tâche est lourde et difficile à accomplir. Ils
doivent faire sentir qu'ils dominent, mais ne peuvent
pas le montrer car les moyens leur manquent. C'est
surtout par la religion que les Turcs exercent leur
pouvoir, cette communauté de croyance avec le
peuple soumis est une force immense.

Un officier supérieur, colonel ou commandant,
est le chef militaire du district. Quant aux soldats
ils sont levés en Tripolitaine même parmi la population autochtone. Le service militaire est obligatoire depuis quelques années. La durée du service
est de trois ans. Tous les jeunes gens y sont soumis,
mais les exemptions sont nombreuses. Elles sont
pratiquées avec la plus judicieuse humanité envers
les familles pauvres. Les veuves qui peuvent prouver
que leur seul soutien est un fils obtiennent pour
celui-ci l'exemption du service militaire, ou bien, si
l'exemption n'est pas accordée la mère recevra une
pension du gouvernement.

Le kaïmakan de Ghadamès exerce le pouvoir d'un
administrateur de cercle et dépend du mouteçarref de

Yeffren. Il y a en Tripolitaine plusieurs mouteçarrefs, sortes de sous-gouverneurs qui ont sous leurs ordres directs les kaïmakans. Le kaïmakan est assisté d'un conseil formé de représentants choisis par les habitants de la localité elle-même. Le kaïmakan rend la justice avec le conseil et un juge de paix. Le moudir s'occupe des impôts qui sont souvent difficiles à percevoir. Le cadi est chargé des actes de mariage et de successions.

Les tribus berbères ont généralement un cheik pour les représenter. Dans les très petites localités ce personnage peut prendre une influence trop considérable. Si le cheik est un malhonnête homme il peut devenir néfaste à la cause qu'il devrait servir.

On a souvent parlé des abus commis par les cheiks. Mais ils sont maintenant rendus difficiles par suite des inspections très sévères que les employés du gouvernement turc font dans les cercles.

Ghadamès possède un bureau de Poste dirigé par un Turc. Deux fois par mois le courrier se rend à Sinâoun et Nalout. Le service fonctionne bien. Le télégraphe devait atteindre bientôt Ghadamès.

Ghadamès est maintenant définitivement acquise à la Tripolitaine, malgré les efforts du gouvernement français qui avait essayé de reculer la frontière vers l'Est pour englober dans le territoire Sud Tunisien une succession importante d'oasis. Il ne reste dans cette partie à la Tunisie qu'une bande très étroite praticable entre le désert de sable pour ainsi dire infranchissable de l'Elerg et la frontière turque. Cette bande est dépourvue de points d'eau. C'est pour cette raison que la route des caravanes du côté tripolitain a aujourd'hui une incontestable supériorité sur celle qui passe à l'ouest de la frontière!

Nous passons à Ghadamès dix journées. Le sentiment que l'on éprouve dans cette ville est un isolement complet. Ceci provient des abords de l'oasis qui respirent une décevante tristesse. Les plateaux gréseux de teinte sombre dominent la cuvette au fond de laquelle est enfoncée l'oasis. Les grès se sont séparés, brisés par les alternatives de chaud et de froid. Ils ont jonché les pentes de leurs blocs informes. Pendant la journée, en dehors de l'oasis, dès que l'on a passé le mur de l'enceinte, on entre dans une terrible fournaise. Le sol a emmagasiné la chaleur et la renvoie en haleines suffocantes. Sur le plateau souffle d'une façon continue le vent violent chargé de sable. Un vaste cimetière occupe le flanc du plateau au-dessus de l'oasis. Des milliers de tombes sont alignées là. Elles attristent le paysage. L'aridité et la tristesse des environs de Ghadamès n'engagent pas les habitants de l'oasis à sortir, aussi les promeneurs sont rares. Les longues expéditions mêmes s'espacent de plus en plus. Le kaïmakan m'a certifié que beaucoup de Ghadamésiens riches, c'est-à-dire ayant suffisamment pour vivre eux et leurs familles, n'avaient jamais franchi les murs de l'enceinte de la ville. Beaucoup même ne connaissent pas les marabouts qui couronnent les collines des environs.

Les approches de Ghadamès sont désertes si l'on en excepte quelques monuments religieux perchés sur de petits monticules et sur lesquels planent des légendes curieuses. On m'a cependant certifié qu'il y vivait des ermites, marabouts très réputés et consultés par des Berbères venant de loin.

Ghadamès est devenue en quelque sorte une ville sainte dans laquelle se sont réfugiés tous les esprits fanatiques et exaltés qui n'ont pu supporter la domination chrétienne en Algérie et en Tunisie.

Au centre du quartier des Beni Ouazil nous étions bien placés pour constater la ferveur des habitants car chaque soir au soleil couchant, nous montions sur le toit en terrasse de notre maison.

Là-haut enroulés dans nos burnous pour nous préserver de la fraîcheur qui, à l'approche de la nuit, s'abat sur le désert, nous jouissions d'un spectacle impressionnant. Tout autour, des terrasses semblables à celle où nous étions étaient dominées par des coupoles blanches. De ces coupoles sortaient de longs fantômes qui appelaient les fidèles à la prière. De partout les voix des muezzins s'élevaient avec la nuit et emplissaient l'atmosphère limpide du crépuscule de leurs voix mornes et invocatrices.

Ce moment est solennel. Il semble que les vivants communiquent avec les âmes de l'au-delà par un effort puissant et désespéré. Ces appels retentissaient troublés par le bruit des danses qui évoluaient sous les palmiers de l'oasis aux sons rythmés des castagnettes. Ce sont les nègres qui se réunissent chaque soir et, dans la tristesse de leur exil, se plaisent à se rappeler les évolutions de leurs ancêtres qui faisaient retentir de leurs cris joyeux la brousse impénétrable des forêts soudaniennes.

Les mosquées sont nombreuses à Ghadamès, mais les chrétiens n'y peuvent pénétrer. La plupart des habitants appartiennent à la secte malékite. Ce qui distingue les mosquées de Ghadamès, c'est l'absence de minarets aux formes minces et élancées, qui sont

remplacés par des coupoles ogivales, plus faciles à
élever solidement dans ces contrées où tout travail
présente des difficultés sérieuses.

Le kaïmakan et le directeur des Postes me firent
les honneurs de la ville. Je fus étonné, en pénétrant
dans l'intérieur des habitations de ces fonctionnaires,
qui occupent un rang élevé dans la hiérarchie admi-
nistrative de la colonie, de voir la simplicité de leur
logement et de leur nourriture.

C'est le dénuement complet. Ils vivent là sans ressources et sans distractions. Le kaïmakan a été envoyé il y a quelques mois à Ghadamès. Il occupait
auparavant la situation de secrétaire du gouvernement, à Tripoli. Un soir à Tripoli il reçut un pli ca-
cheté, il l'ouvrit, c'était un ordre de se rendre immédiatement à Ghadamès. Sans hésiter une seconde,
il fit ses adieux à sa famille et sauta sur le méhari
qui en bas l'attendait. Cinq jours après, il était à
Ghadamès, peut-être pour de longues années. Il
ne pouvait pas faire venir sa famille dans ce lieu
isolé, où ses enfants ne pouvaient recevoir aucune
instruction. Cette obéissance passive et absolue des
fonctionnaires envers leur chef est bien faite pour
surprendre nos esprits d'occidentaux rebelles et fron-
deurs. Il faudrait chercher longtemps pour trouver
chez nous des serviteurs aussi dévoués à la patrie
et au devoir.

Mais le kaïmakan a bien des difficultés, car la justice est difficile à rendre avec les caractères violents
et autoritaires des habitants de Ghadamès. Il faut
surtout éviter de les froisser. Celui qui rend la justice a toujours, dans le cas d'un jugement sévère, la
crainte d'être assassiné par un trop violent sujet.

Mais heureusement ces crimes sont rares ; les difficultés que les Turcs ont eues avec les Tunisiens, d'une
part, et l'Italie d'autre part qui a des prétentions
sur la Tripolitaine, ont eu pour but de ramener tous
ces Arabes récalcitrants sous le drapeau du croissant,
dans une alliance commune contre les chrétiens.

Il existe à Ghadamès, au centre du quartier des
Beni-Oulid, une petite place réservée pour les échanges et les achats de denrées. C'est la place du
marché. Tout autour s'ouvrent de minuscules
échoppes dans lesquelles sont entassés les objets les
plus disparates. Des fusils à pierre, des armes, des
denrées coloniales, des produits manufacturés sont
étalés là, gardés par un marchand accroupi. Il y a
beaucoup d'animation, beaucoup de marchandage,
mais bien peu d'acheteurs sérieux.

La monnaie principale ayant cours à Ghadamès
est la pièce autrichienne de Marie-Thérèse. Elle vaut
trois francs. Chaque oasis a une monnaie spéciale.
Les pièces de Marie-Thérèse sont localisées à Ghadamès et n'ont pas cours dans les autres oasis au
Nord. Les Arabes les acceptent cependant, mais bien
au-dessous de leur valeur de Ghadamès. Il serait
curieux de rechercher par quelles suites de circonstances toutes ces pièces sont venues s'enfouir dans
ce coin reculé. La monnaie turque a un cours plus
élevé à Ghadamès que dans le Nord ; la piastre vaut
vingt-cinq centimes, au lieu de vingt-deux, le boutzaïn cinquante ou soixante, au lieu de quarante-cinq.

Sur la place du marché la viande est vendue à la
criée. Le marchand s'avance en traînant derrière
lui un agneau ou un mouton. Il en demande d'abord
un prix exorbitant qui en éloigne tout acheteur. Il

réduit alors ses prétentions. Dans la discussion et les cris, le prix baisse souvent bien au-dessous du chiffre primitif.

L'avenir de Ghadamès est difficile à préciser. Ville tombée de déchéance en déchéance, elle n'a presque plus de commerce. Les caravanes qui en faisaient la richesse diminuent graduellement et bientôt les Arabes n'auront plus intérêt à affronter les terribles solitudes du Sahara, car les bénéfices qu'ils retirent de leurs longs voyages deviennent insuffisants. La moitié de la ville est déjà en ruine et en partie enfouie sous les sables envahisseurs. On chercherait en vain une cause qui puisse donner un renouveau de vie à cette oasis qui s'éteint lentement, abandonnée de tous. Sa position seule peut la préserver encore de l'abandon complet, mais il est hors de doute que chaque jour la rapproche de sa ruine définitive.

Elle a cependant eu, il y a quelque cinquante ans, un renouveau d'éclosion lorsque les chrétiens ont envahi l'Algérie et la Tunisie. La grande route d'Afrique par Ghadamès fut alors parcourue par les caravanes qui avaient été repoussées vers l'est en voulant éviter de traverser des régions soumises aux Roumis. Le joug turc, si clément à supporter, avait donné à cette ville une impulsion nouvelle, mais si l'Islam doit abandonner ces contrées, ce sera le coup fatal porté à une ville qui eut jadis, pendant un certain temps, son heure de gloire et de grandeur. Seule la France, qui grâce à son immense empire colonial de l'Afrique occidentale possède des moyens d'actions puissants, pourra peut-être dans l'avenir sauver de la ruine complète cette ville déchue.

CHAPITRE VII

RETOUR A NALOUT

Préparatifs. — Visite d'adieu. — Départ mouvementé. — Nuits d'étapes. — Traversée de la Sebkha de Mzézem. — Fatigues. — Un chameau abandonné. — Marches fatigantes. — Le siroco. — Journées pénibles. — Égarés dans les sables. — Nuit d'anxiété. — Petits oiseaux. — Deuxième chameau abandonné. — Au Bir Zouzam. — Le mariage de Mustapha. — Vers le Djebel. — Traversée de l'oued. — Arrivée à Nalout. — Les officiers. — Au ksar. — De nouveau dans notre ancienne demeure.

Notre départ de Ghadamès était fixé au 19 mai. Nous devions revenir à Nalout par la voie la plus rapide pour explorer en détail le Djebel Nefousa, région sans contredit beaucoup plus intéressante que les plateaux déserts de l'extrême sud.

La saison était avancée et la chaleur commençait déjà à devenir suffocante dans ce pays bas, ouvert à tous les vents brûlants du sud et protégé des souffles tempérés du nord par les Hauts-Plateaux qui forment comme un rempart, mettant à l'abri tout l'arrière pays.

Pour éviter les marches pénibles sous les rayons ardents d'un soleil de feu, nous fîmes ce parcours peu intéressant et que nous connaissions déjà en partie, par marches de nuit. La lune se levait de bonne heure et nous devions bénéficier d'une clarté suffisante pour ne pas souffrir de l'obscurité absolue.

C'était notre dernier jour à Ghadamès; et le soir, après un dîner rapide, nos chameliers et nos zaptiés préparaient les bagages. Ce ne fut pas facile, car après un séjour d'une certaine durée, les charges sont dispersées et il faut beaucoup de tâtonnements pour les rassembler et les combiner à nouveau. Aussi un véritable branle-bas régnait dans toute notre maison. On avait déjà emporté les lits et les tables pliantes. Seul dans la grande salle qui avait maintenant un air d'abandon, je me sentais le cœur serré à la pensée que je quittais sans doute pour toujours ce lieu où j'avais eu des sensations si intimes et si profondes. Par la fenêtre grillée qui donnait sur la rue, je voyais nos chameaux qu'on chargeait au milieu des colis qui encombraient toute la rue étroite et sombre.

Ma contemplation fut troublée par l'arrivée du Kaïmakan. Il tenait à me serrer une dernière fois la main avant mon départ. Je le fis asseoir à côté de moi, sur le large soubassement de pierre qui occupait tout un coin de notre immense chambre. Et là, à la clarté de la bougie, j'essayai tant bien que mal de lui expliquer par gestes tout le plaisir que j'avais goûté durant mon séjour. Mais la conversation était pénible par l'absence de mon interprète Mustapha occupé en bas. Aussi nous cessâmes bientôt d'inutiles efforts qui n'arrivaient point à nous faire comprendre et c'est dans un silence profond que, désespérément, nous restâmes là, en face l'un de l'autre. Je ne savais trop que faire dans cette situation embarrassante et ce tête-à-tête gênant. De temps en temps je rallumais une nouvelle bougie pour remplacer celle qui venait de s'éteindre. Au bout de deux heures Mahmoud Faousi manifesta l'intention de se retirer et après les saluts d'usage qui consistent à porter alternativement la main à la bouche, au front et au cœur, il quitta la maison. La nuit était tombée et je descendis à mon tour l'étroit escalier de notre demeure. Dans la rue, les chameaux étaient déjà en partie prêts, chargés des lourdes cantines et des couffins. Des bougies posées dans des anfractuosités de la muraille, éclairaient faiblement ces bêtes énormes rassemblées dans un espace trop étroit.

Les chameliers frappaient les bêtes pour les faire avancer. Mais le couloir était resserré. Dans l'obscurité les chameaux chargés se heurtaient les uns les autres.

C'est avec la plus grande difficulté, au risque nous-mêmes d'être écrasés entre les bêtes, que nous parvînmes à faire avancer la caravane. Il nous fallut longtemps pour sortir de ce dédale de rues et à chaque instant nous étions pris entre les charges et les murs des ruelles, au risque d'être broyés. Enfin, après de longs efforts, nous atteignîmes la porte principale de Ghadamès ; nous étions sauvés.

Je m'étais décidé pour ces étapes de nuit à monter sur un chameau. Cette manière de voyager est moins fatigante que le cheval. L'allure du chameau est régulière et l'on peut s'assoupir un peu, ce qui repose quand même, malgré le mouvement très pénible d'arrière en avant qui secoue beaucoup.

La lune s'est levée. Elle semble énorme à l'extrémité de la plaine et jette sur le pays cette clarté blanchâtre qui donne aux choses un aspect fantastique. Nous cheminons silencieusement et les heures passent monotones et lentes, troublées seulement de temps en temps par les za! za! que les chameliers font retentir lorsque les bêtes ralentissent le pas.

Les étapes de nuit à chameau sont fatigantes. C'est à grand'peine qu'au bout de quelques heures nous pouvions encore tenir les yeux ouverts. Mais il n'est guère possible de somnoler, car au moment où l'esprit s'endort, le corps perd l'équilibre et l'on est réveillé en sursaut par une sensation brutale et pénible de chute. On se raccroche tant bien que mal aux cordages jusqu'à ce que peu à peu le sommeil vous assaille de nouveau. Ces alternances d'assoupissements et de brusques réveils sont une des sensations les plus pénibles qu'il est possible d'imaginer.

La nuit, lorsque la lune éclaire l'horizon, l'œil n'est pas distrait par les détails du paysage comme en plein jour. Il voit, mais des formes vagues et sans précision, où l'absence de minutie n'excite ni curiosité, ni intérêt. On se sent envahi par un ennui persistant, qui augmente à mesure que les heures avancent.

Au matin, il devient difficile de lutter contre le sommeil. C'est le moment le plus terrible ; engourdi par la fraîcheur, brisé par dix heures de chameau sans arrêt, le voyageur meurt littéralement de sommeil. C'est, on l'a dit, le supplice le plus terrible. Il est impossible de s'abandonner à l'engourdissement, car on risque de perdre l'équilibre et de se fracasser la tête en tombant de haut.

Pendant ces nuits d'étape, il est prudent de porter
des lunettes fumées pour éviter les coups de lune
qui sont aussi dangereux pour les yeux que le soleil.
C'est par suite du manque de cette précaution qu'on
rencontre tant d'aveugles chez les Arabes qui ne
prennent pas la peine de soigner les ophtalmies
légères. Ces maux d'yeux, en se répétant, conduisent
souvent à la cécité.

Au petit jour nous atteignons, exténués, le lac de
Mzézem. Un siroco violent souffle du sud et la chaleur devient bientôt intolérable. Nous avançons
péniblement sur le gypse boursouflé et en face de
nous, à une dizaine de kilomètres, les quelques
palmiers de l'oasis semblent plantés sur le bord
d'un lac. J'ai hâte d'arriver, aussi je descends de
chameau et monte sur mon cheval. Mais la pauvre
bête, exténuée, trébuche à chaque pas et tombe sur
les genoux; je mets pied à terre et la tire par la
bride mais les forces me manquent. Je désespère
d'arriver. Un de nos chameaux fatigué se couche,
malgré les coups de bâton violents, il ne peut se
relever. Nous le déchargeons, rien n'y fait. La
pauvre bête gémissait lamentablement, mais elle
ne peut plus continuer à nous suivre. Nous répar-
tissons sa charge sur les autres chameaux et sommes
obligés de l'abandonner. Si une caravane ne passe
pas à cet endroit, elle va crever là. Mais comme il
y a encore une chance de salut, nous ne la tuons
pas. Quelques jours plus tard peut-être un nouveau
cadavre se trouvera à côté de la piste.

Il nous faut encore plusieurs heures pour atteindre
la petite palmeraie où nous campons la journée. Le
soir, nous repartons pour une nouvelle étape et au

bout de trois nuits monotones et fatigantes à travers le désert de pierre, nous parvenons à Châoua en suivant la même route que nous avions prise pour aller à Ghadamès. A Châoua, nous sommes obligés de rester deux journées, car les chameaux sont fatigués par suite surtout du manque de nourriture et du manque d'eau. En outre, nous avions une bête en moins et celles qui restaient avaient été plus lourdement chargées. Heureusement, à Châoua, nous trouvons des chameaux de location.

Nous avions mis quatre nuits pour nous rendre de Ghadamès à Châoua, il en faudra autant pour atteindre Nalout. Le vingt-quatre mai au soir, nous quittons Châoua ; quelques heures après nous traversons dans l'obscurité Sinâoun où j'avais passé quelque temps auparavant et nous continuons notre marche pendant toute la nuit dans une plaine absolument unie. Un siroco violent s'est levé. Nous sommes couverts de sueur et avons peine à respirer cet air brûlant. Au matin nous faisons monter les tentes mais au lieu de pouvoir jouir d'un peu de repos, nous sommes littéralement grillés par l'effroyable chaleur. Pour souffrir moins, nous nous enveloppons complètement de nos épais burnous qui servent comme écran à nous protéger contre l'air et la chaleur suffocante. Il est impossible dans ces conditions de prendre quelque repos et c'est à peine si nous pouvons nous restaurer tellement nous sommes fatigués par cet air pénible à supporter. La seconde nuit, nous atteignons des sables formant une grande région de dunes. Par malheur, la lune se lève maintenant bien tard et il est impossible de repérer la route exactement. Nous entrons dans les dunes quoique mes

compagnons eussent préféré attendre le lever de la
lune pour pouvoir se diriger avec plus de sécurité.
Nous traversons des monticules de sable pendant
plusieurs heures et il faut toute l'habileté de nos
Arabes pour ne pas égarer dans ce dédale les chameaux qui marchent péniblement. Au boutd'un temps
qui paraît long, il me semble que nous tournons
sur nous-mêmes et que nous n'avançons plus. Je ne
dis cependant rien car j'ai peur de décourager mes
compagnons qui se seraient crus perdus. Mais
bientôt ce que je craignais arriva. Mes collègues,
fatigués par cette marche sinueuse et incertaine,
remarquèrent aussi les étranges lacets du chemin
parcouru. L'alarme était jetée. Pour comble de malheur les bêtes, mal dirigées, se dispersent et c'est
bientôt une véritable débandade. Une partie de la
caravane s'égare même. A la suite d'appels longs et
violents elle finit par nous rejoindre. La situation
devient fort embarrassante, mais j'ai malgré tout
confiance dans notre guide : Daou, le Berbère fin et
rusé que j'ai avec moi depuis Nalout. Aussi je joue
le tout pour le tout en lui confiant notre sort à tous.
Nous tournons et retournons en tous sens ; mes collègues veulent me prouver que nous restons sur
place, mais je désire tenter l'expérience jusqu'au
bout car j'ai foi dans le flair de Daou. La difficulté
est de traverser les dunes de Gamfoudia dans la
partie la plus étroite de la largeur, car de chaque
côté les sables s'étendent sur des espaces vastes et
infranchissables. Après plusieurs heures de marche
pénible dans l'incertitude et l'anxiété, Daou, qui
nous précède, pousse une exclamation. La lune vient
de se lever et nous voyons en face de nous la fin des

dunes. Mes collègues estimèrent toujours que nous avions tourné longtemps autour d'un même point, mais je n'ose rien affirmer car j'en suis certain notre guide était digne de confiance.

Au matin, une quantité de petits oiseaux, aux couleurs vives, nous suivent. Ils viennent, on ne sait d'où. Ces bestioles ne sont nullement craintives, elles passent entre les jambes des chameaux et se posent souvent sur les bagages. La journée, quand les tentes sont montées elles y entrent et viennent se reposer auprès de nous.

Le 26 mai, à quatre heures du matin, mon chameau qui avançait, avec peine depuis quelques instants, s'arrête brusquement et se couche. Je n'ai que le temps de sauter à terre et d'appeler Madouk et Daou. A grands coups de bâton, ils essayent de le relever, mais c'est en vain. Il reste là et nous devons l'abandonner comme celui laissé dans la Sebkha de Mzézem. On quitte à regret ces fidèles serviteurs qui ont été les compagnons de fatigue pendant des mois. Les chameaux semblent se rendre compte que, lorsqu'ils s'arrêtent, c'est la fin qui approche, aussi ce n'est que lorsqu'ils sont à bout de forces qu'ils tombent pour ne plus se relever.

Le 26 nous passons la journée au Bir Zouzam. Ce puits est situé au pied d'une petite colline, puits profond au fond duquel nous ne recueillons qu'une eau brunâtre imbuvable. C'est une cruelle déception car on m'avait affirmé qu'à cet endroit l'eau était bonne. Depuis trois journées nous ne buvions que de l'eau conservée dans des peaux de bouc, eau surchauffée et ayant un goût désagréable. Nos tentes

sont installées autour du puits, à l'exception de
celle des gendarmes. Nos zaptiés se sont séparés en
deux groupes pour la raison suivante. Mustapha qui
avait acheté, à Châoua, une mouquère s'est emparé
de la tente commune des gendarmes pour lui seul
et son épouse. Les zaptiés se sont prêtés de bonne
grâce à cette combinaison, mais, sans abri, ils souffrent pendant la journée de la chaleur. Malgré cela
ils ne se plaignent pas et ont construit avec leurs
fusils et leurs tuniques un petit abri sous lequel ils
se tapissent à l'ombre bien insuffisante. J'admirai la
camaraderie curieuse de ces gendarmes qui, toujours en rivalité, avaient cependant laissé un des
leurs s'emparer de la tente.

Lorsqu'on arrive sur les Hauts-Plateaux, vers
Nalout, en venant du sud, il semble que la ville est
là, devant vous et qu'il ne reste que peu de chemin
à faire. Mais c'est un trompe-l'œil, car de tous côtés
le plateau où est située l'ancienne forteresse berbère
est séparé du reste des garas par un oued profond,
véritable fossé dont les parois sont verticales, et
qui entoure Nalout complètement. Pour gagner la
ville que l'on vienne de n'importe quel côté, il faut
commencer par descendre dans ce ravin, pour
remonter de l'autre côté.

C'est ce qui nous arrive et au moment où nous
croyons atteindre Nalout, il nous faut descendre au
fond de l'oued profond par un chemin rempli de
blocs énormes qui ralentissent beaucoup la marche
de nos chameaux. Arrivé au bas du ravin, j'aperçois un petit sentier qui escalade directement les rochers pour se diriger en ligne droite sur Nalout. Mais
il n'est pas question de faire passer nos chameaux,

fatigués, par ce sentier de chèvres. Aussi, tandis que la caravane fait un long détour pour profiter d'un chemin large et commode, j'escalade sur mon cheval la pente abrupte et conduit par Madouk et un zaptié, j'atteins rapidement la capitale du Djebel occidental.

Au ksar où je me rends directement j'apprends avec désappointement que le Kaïmakan est absent. Le soldat de garde me fait entrer dans une salle basse de la forteresse, au milieu de laquelle, sur des tapis, sont nonchalamment couchés les officiers turcs, chefs de la garnison. Au milieu du groupe, la théière. Les officiers me souhaitent la bienvenue et m'offrent une place à côté d'eux. Le colonel, un petit vieux du plus étrange aspect, maigre, les habits en lambeaux, les traits tirés, des yeux perçants, semble très préoccupé à rouler ses cigarettes. Un capitaine, à l'air plus martial, en face de moi, me regarde curieusement, tandis que ses doigts font manœuvrer les perles du chapelet qui ne quitte jamais la main des Orientaux. L'ennui semble régner parmi tous ces exilés. Le directeur de la Poste est occupé à régler le réchaud à pétrole qui fume épouvantablement. Cet instrument est nouveau à Nalout, la colonie turque s'est cotisée pour le faire venir à grands frais. Mes nouveaux amis me font goûter de plusieurs sortes de thés et il me faut aussi ingurgiter différentes infusions faites avec des herbes du désert. Les officiers me questionnent sur la route de Ghadamès et semblent regarder avec étonnement ce Roumi qui n'a pas craint de s'aventurer dans ce pays si inhospitalier. Je leur raconte du mieux que je peux les péripéties

de mon voyage, auxquelles ils paraissent s'intéresser
beaucoup. Leur plus grande crainte du reste était
d'être obligés, eux-mêmes, pour leur service, de se
rendre dans le sud. Nalout est déjà un assez misérable lieu de séjour.

Pendant que nous causions, la caravane avance
et bientôt j'aperçois, à travers les meurtrières, nos
chameaux. Il est dix heures du matin. Les officiers
me conduisent dans la maison que nous avions
habitée un mois plus tôt et qui est prête pour nous
recevoir. Je les remercie vivement d'avoir eu l'attention de nous réserver cette habitation confortable.
Nous nous installons à nouveau dans notre ancienne
demeure pour nous reposer quelque temps, avant
d'entreprendre l'exploration du Djebel, qui sera longue et fatigante.

CHAPITRE VIII

LE DJEBEL-NALOUT

La grande falaise. — Forteresse naturelle. — Son importance stratégique.
— En route vers l'ouest. — Razaya. — Le village. — Le ksar. — Ex-
cursions. — Jalousie des Berbères. — Dehibat. — Lois frontières. —
Ancien village. — Hamed Madouk. — Sa vie et ses espérances. —
Le caractère passionné et violent des Berbères. — Leurs qualités.
— Leurs défauts. — Une femme mourant de faim m'offre l'hospitalité.
— En route vers l'est. — Le bourg de Tirhit. — Maisons invisibles. —
Les jardins étagés. — Au bord du puits. — Les recrues de Tirhit.
— Mentalité des soldats berbères. — Le village de Mohamed. —
Le ksar en ruine. — En route pour Kabao. — A travers les oueds du
bord de la falaise. — Pénible étape. — L'oued Serous. — Les villages
des hauts plateaux. — Le Djebel Bedern.

Nous étions de nouveau au sommet de cette falaise énorme qui s'élève comme une muraille de la
frontière tunisienne jusque vers Tripoli. Elle est
abrupte, et domine la plaine de trois à quatre
cents mètres. Grâce à cette barrière naturelle, il serait bien difficile à une armée belligérante de pénétrer dans l'arrière-pays.

Cette muraille a plus de quatre cents kilomètres
de longueur. Son bord, dans la région où je l'ai
parcouru, ne forme pas une ligne simple, mais le
plateau est échancré par des oueds immenses qui
se ramifient à l'intérieur en des ravins multiples et

capricieux. Là où le ravin pénètre ainsi dans les hauts plateaux et où l'accès de l'Hinterland serait, pour cette cause, rendu facile, des ouvrages de défense considérables et bien ordonnés défendent le passage de ces points faibles. Du reste, les forteresses qui dominent la plaine de plusieurs centaines de mètres sont invisibles de loin. Elles sont bâties dans le rocher et se confondent avec lui. Il faut peu de travail pour fortifier des points aussi faciles à défendre et si les Turcs ont pu, il y a quelque quatre cents ans, venir à bout des hordes guerrières du pays, c'est surtout grâce aux luttes intestines des tribus arabes entre elles, qu'ils ont atteint leur but. Mais, maintenant, les conditions ne sont plus les mêmes. La Turquie a envoyé dans le pays des généraux habiles qui ont pour tâche de rassembler sous le drapeau de l'Islam tous les habitants aux caractères indépendants, d'en faire une cohorte fanatique et puissante qui, à la première nouvelle d'un envahissement du pays par les chrétiens, se dresserait prête à tous les sacrifices, en haut de cette muraille, derrière laquelle s'étendent les espaces immenses et en partie inexplorés de la Tripolitaine.

Je parcourus tout d'abord la partie ouest des montagnes et, abandonnant la caravane à Nalout, je me laissai guider par le Berbère Hamed Madouk qui était originaire de Razaya, un petit village près de la frontière tunisienne. Après avoir traversé le village de Hassian, que j'ai déjà signalé lors de notre voyage vers Bir Zar et après être remonté sur le plateau, nous cheminons plusieurs heures dans des vallonnements où les cultures sont abondantes. Notre che-

min passe au milieu des oliviers ; il est bordé par
des champs de blé et d'orge. De tous côtés s'étendent
des plantations. Après plusieurs heures de marche,
nous pénétrons dans un ravin profond. Parmi les
blocs de rochers, nos deux chameaux et mon cheval
ont peine à se frayer un passage. C'est dans une
gorge étroite, qui rappelle les paysages désolés et
tristes de certaines hautes vallées alpines, que nous
dévalons au clair de lune. Mais bientôt, comme par
enchantement, le ravin s'élargit. Des dattiers et des
oliviers ont crû au milieu des pierres dans une partie élargie de la petite vallée.

Nous sommes arrivés à Razaya, la patrie de Madouk, mon fidèle domestique. Il désire me conduire
chez lui. Mais je cherche en vain un village, aucune
habitation n'est visible. Après avoir contourné un
roc, je me trouve en présence d'une ouverture semblable à l'entrée d'une galerie de mine. Madouk fait
jouer la porte et nous pénétrons dans une petite
salle voûtée, creusée dans la roche même. Rien
n'est plus primitif que ce taudis encombré de vieux
sacs, de pierres et d'ustensiles bizarres.

Après avoir déchargé les chameaux et nous être
roulés dans nos couvertures, nous nous endormons
sur le sol dur de la maison souterraine.

Je passai les jours suivants à explorer les environs de Razaya. Les maisons du village sont représentées par de petits trous creusés dans l'argile et le
gypse de la falaise. On n'a pas fait ici de grandes
habitations ; chacune n'a qu'une chambre. Au bord
de la vallée, se pressent d'épaisses touffes de dattiers. L'irrigation est facile grâce à une source, dont
l'eau se précipite de jardins en jardins.

Au-dessus du village la pente est rapide. Elle est dominée par la crête de la falaise du Djebel, au haut de laquelle se dresse une vieille forteresse en ruine. Le ksar Razaya, construit sur la hauteur, sert encore à recevoir les provisions et les richesses des habitants du district. C'est le seul point actuellement habité de Razaya, les maisons du bas sont abandonnées provisoirement par les habitants qui campent dans la plaine au nord, dans leurs plantations. Ils reviennent en été pendant la saison chaude dans les habitations souterraines de la montagne.

Du ksar Razaya, la vue s'étend au loin sur la plaine fertile et cultivée. En face, un promontoire allongé s'incurve vers l'est et limite le bled du côté tunisien, ce sont les montagnes de Mbra-Ba et de Zra-Ga derrière lesquelles se trouve la petite oasis de Dehibat.

La plaine, au pied des montagnes, est couverte de champs d'orge. Elle est bien cultivée. Les habitants de Razaya y passent une partie de l'année dans des gourbis au milieu des champs. Ces habitations de fortune sont construites d'une façon des plus primitives. Ce sont des huttes en branches, ou des trous creusés dans le sol. Parfois simplement des tentes.

Je passe plus d'une semaine dans ma grotte de Razaya. Pendant le jour, j'excursionne dans les environs. Le soir, je couche devant la maison, à la belle étoile, pour jouir de l'air frais et agréable de la nuit. Madouk fait de son mieux pour que mon séjour dans son village natal me soit agréable. De la plaine, ses parents et amis viennent souvent nous

voir. Tous ces braves Berbères me serrent cordialement la main en me priant de leur rendre visite à
mon tour. Je me rends un jour à une de ces invita-
tions. Nous descendons avec Madouk un petit chemin rapide lorsque, derrière un promontoire que
nous venons de traverser, nous apercevons deux
mouquères. Madouk s'approche rapidement, il paraît les connaître. La conversation est animée. Je
m'avance vers le groupe : il y a là une vieille femme
ridée et une jeune fille, drapées dans leurs mantes
bleues. La plus jeune des deux ne laisse voir qu'une
partie de la figure où deux yeux pétillent de malice.
La jeune fille me salue en me faisant un geste amical. Mon compagnon me lance un terrible regard ;
grand, nerveux et violent il est superbe de fureur.
Nous quittons brusquement les deux femmes et
moitié railleur, moitié anxieux, je plaisante Madouk.
Je lui laisse croire que j'ai plu à la jeune fille. Je sens
Madouk ivre de jalousie. Il me répond que la mouquère m'a fait un signe d'amitié parce que je suis
son maître.

Quelques instants plus tard, nous atteignons le
pied de la montagne. Nous sommes très bien
reçus par les habitants des tentes, des Berbères
vieux et dignes. Ils me donnent la meilleure place
et préparent un excellent couscous que je mange
avec eux. Pendant la sieste Madouk disparaît. Il va
retrouver la petite mouquère, qui était sa fiancée,
comme je le sus plus tard.

Dans toutes mes excursions, j'allais seul avec ce
Berbère. Partout, nous reçûmes des habitants du désert le meilleur accueil. Le zaptié restait pendant ce
temps au campement. Un gendarme effarouche tou-

jours et je préférais me trouver directement en contact avec les populations du pays.

A l'ouest de Razaya se trouve une autre petite palmeraie qu'on appelle Ouezzan. Elle est peu importante. Une montagne la domine du haut de laquelle
on aperçoit Dehibat au milieu d'une plaine. Dehibat
est un point important par son trafic, mais sa position même au fond d'une cuvette n'est pas bonne.
Je vis fort bien les habitations européennes de ce
poste militaire tunisien, le dernier qui ait quelque
importance dans le sud de la régence. Un capitaine
et quelques lieutenants commandent la garnison de
Dehibat. Ce poste est situé à l'écart des grandes
routes d'Afrique. Mais si le commerce du Sahara
avait une importance plus considérable par Ghadamès, Dehibat serait bien placé pour drainer le trafic
tunisien. C'est une étape pour les Arabes qui, de
Tunisie, se rendent dans le Djebel Nefousa. Dehibat n'a donc qu'une importance plus ou moins lo-
cale qui est du reste fortement restreinte par la
sévérité exagérée avec laquelle la frontière est gardée. Car du côté tunisien toute la région est considérée encore comme territoire militaire. Lorsque ce
gouvernement sera remplacé par un gouvernement
civil, l'importance des trafics augmentera sans doute
dans des proportions notables. Mais en attendant les
relations entre les deux pays sont rendues difficiles
par les vexations journalières et arbitraires que les
marchands qui font le transport des denrées ont à
subir des gouvernements voisins. Un Arabe qui
passe la frontière est saisi et jeté en prison s'il ne
possède pas un passeport régulier délivré par le gouverneur du cercle auquel il appartient. Lorsque des

troupeaux de moutons ou de chèvres s'égarent ou même que des chameaux, tout en broutant, passent cette ligne si sévèrement gardée, ils sont immédiatement saisis par la police et confisqués. Leurs propriétaires ne peuvent les ravoir que par de longues réclamations qui ne reçoivent du reste pas toujours satisfaction. Les deux gouvernements agissent d'une façon analogue mais les Turcs appliquent avec moins de rigueur ces lois sévères.

C'est du moins ce que l'on m'a affirmé.

Ces procédés sévères avaient pour but de supprimer le brigandage. Le résultat est sans doute atteint depuis longtemps car les bandits n'existent plus. Ce sont les innocents qui souffrent maintenant au lieu des coupables. S'il y a encore quelques pirates ils sont trop habiles pour se laisser prendre. Les mesures dirigées contre eux ne les atteignent pas (1).

Dans les environs de Razaya, il existe d'anciennes habitations troglodytes. Je visitai un grand village creusé à mi-côte dans les parois du Djebel. Madouk avait vivement excité ma curiosité par les descriptions de ces vastes habitations. C'est par une entrée, obstruée en partie de décombres, que nous pénétrons dans une salle spacieuse et grande qui a l'air d'être abandonnée depuis très longtemps. Dans un coin de grosses meules gisent, à moitié brisées; des amas de poterie jonchent le sol. Il semble que dans cette partie reculée du Gazer de Giger il y ait eu là anciennement une nombreuse population. Les cavernes sont plus grandes qu'à Razaya. Du haut

(1) Grâce aux énergiques mesures prises par les gouvernements français et turcs la sécurité règne maintenant le long de la ligne frontière juqu'à Ghadamès.

en bas de la montagne, j'en aperçois les ouvertures.
Ce village ruiné a été abandonné depuis une haute
antiquité car malgré mes questions, Madouk ne peut
rien m'apprendre de certain. Il connaît cependant
toutes les traditions du pays car il est un personnage important de la région.

Je profite de la solitude de ce coin perdu pour
questionner mon guide. Il me raconte en peu de
mots sa vie qui est celle de beaucoup de Berbères
du Djebel. Madouk me dévoile, dans ce décor bien
approprié aux confidences, une âme un peu sauvage,
mais sympathique par sa grandeur et sa sincérité.
Il appartient à une famille qui possède, à Razaya,
plusieurs jardins et beaucoup de dattiers. Ces jardins, qu'il m'a fait visiter avec orgueil, m'ont paru
de bien peu de valeur. Mais c'est pour lui une richesse. Il aime ce coin de terre avec toute l'ardeur
fougueuse d'une nature passionnée. Depuis plusieurs
années la sécheresse règne dans le pays, aussi les
récoltes n'étant point assez abondantes, il était parti
pour Tripoli accompagné de sa mère. Il avait tra-
vaillé, cherchant à amasser un peu d'argent mais
malgré sa ferme volonté de faire des économies il
le dépensait au fur et à mesure. Il était resté longtemps à Tripoli, remplissant les fonctions les plus
diverses, tantôt préparant les éponges, tantôt employé de la Régie des Tabacs ou garçon de peine.
Madouk s'était marié. Mais sa femme ne s'entendait
pas avec sa mère. Il l'avait répudiée. L'amour filial
avait été plus fort que son attachement pour sa
femme. Cette piété des enfants envers les parents
est générale. Elle est poussée jusqu'au plus profond
respect.

Madouk espérait gagner à Tripoli une bonne somme d'argent pour acheter quelques chameaux, revenir à Razaya avec sa vieille mère et épouser la petite mouquère que j'avais aperçue. Avec ses chameaux il irait vendre de temps en temps à Tripoli ou dans les marchés tunisiens les dattes, les figues, les raisins et les abricots que produiraient ses nombreux jardins entretenus avec soin. Tel était son rêve. Mais il n'était pas près d'être réalisé. Plein de courage pour travailler, plein de bonne volonté, mais esprit sans suite et fantasque, Malouk se laissait subitement entraîner par ses passions qui détruisaient en quelques jours le fruit de longues années de travail.

Ce brave garçon m'était tout dévoué, mais il était si nerveux qu'il ne se passait guère de jour que je fusse obligé de lui faire des observations. Il était trop indépendant pour les accepter. Plusieurs fois, je fus sur le point de le renvoyer mais je reculais toujours devant un tel dénouement car, quoique pitoyable domestique, Madouk était cependant un excellent ami en qui je pouvais avoir toute confiance. Il faisait de puissants efforts pour retenir les paroles violentes qu'il laissait comme malgré lui échapper de temps en temps, mais sa nature reprenait vite le dessus. Berbère pure race, à la figure intelligente, il avait concentré en lui toutes les qualités belles et nobles de sa race, mais il en avait aussi tous les défauts. C'était un type vrai, aux sentiments puissants et violents, qu'il ne fallait jamais froisser car alors, lorsqu'il croyait avoir raison, ses yeux s'injectaient de sang, son corps était tout secoué de tremblements nerveux produits par une fureur qui veut éclater mais que l'esprit dompte. Tout était passion chez lui, la passion dominait l'être, mais c'était une passion comme on se plaît à en revêtir les héros antiques, passion produite par une excessive fierté et par l'impulsion directe de nobles sentiments.

Il est bien rare de rencontrer encore ces types admirables, dont le corps et l'esprit s'harmonisent avec noblesse. La dégénérescence n'a point encore abâtardi et gangrené ces peuples primitifs, isolés dans des régions éloignées par des espaces difficiles à franchir. Les écrivains de notre siècle qui ont fait de si poignants tableaux de la fourberie et des bassesses de notre civilisation trouveront encore chez les Berbères de ces régions reculées un réconfort à leur désespoir naissant. Chez eux on se sent comme transportés à une autre époque où les sentiments sont étalés au grand jour. Sans doute les Arabes sont voleurs et menteurs. Mais ce qu'ils n'ont pas, c'est l'hypocrisie, ils volent et mentent ouvertement. Ils ne cachent pas sous d'onctueuses et fausses paroles la vérité. Ils sont vrais, vrais dans leurs passions, vrais dans leurs sentiments, vrais dans leurs défauts comme dans leurs qualités.

Et ces qualités sont admirables. En voici un exemple. Nous retournions à Nalout, en suivant le pied de la falaise. Il était midi et nous cherchions dans les ravins un abri pour passer les heures chaudes de la journée, lorsque soudain, Madouk, qui était un peu en avant, me fit signe de le suivre au fond d'une sorte d'excavation. Je sautai à bas de mon cheval et m'avançai. Il me conduisit au fond d'un trou qui pouvait nous servir d'abri. Mais soudain une femme en sortit. Lamentable loque humaine, maigre et dé-

charnée, elle manifesta à notre vue un profond désespoir. Une conversation s'engagea entre cette
femme encore jeune et mon domestique. Je m'informai de ce qu'elle voulait. Cette femme était dé-
solée de notre arrivée car elle n'avait rien à nous
offrir. Depuis deux journées, elle et les six enfants
en bas âge qui se pressaient autour d'elle n'avaient
rien mangé. Elle était affolée à la pensée que des
étrangers arrivaient ici dans sa maison et qu'elle ne
pouvait rien leur donner. La misère avait forcé son
mari à partir en Tunisie plusieurs mois auparavant
pour chercher du travail. Depuis lors il n'avait
donné aucune nouvelle à sa famille qui vivait là dans
ce fond de ravin, manquant de tout, dans la misère
la plus atroce. Je fis comprendre à cette brave
femme que nous ne voulions rien accepter, mais,
qu'au contraire, nous serions heureux de lui offrir
des vivres. Elle parut fortement offusquée de cette
idée. L'hospitalité sacrée berbère était mise en
défaut cette fois et sans doute c'était pour elle un
véritable péché que de recevoir dans sa maison un
voyageur auquel elle ne put pas donner le tradition-
nel couscous. Elle mit sens dessus dessous sa misérable chambre. Elle étala ses hardes pour nous en
faire un tapis et elle s'efforça de nous préparer un
logis sinon agréable du moins confortable. Je ne
pouvais refuser tous ces efforts car cela lui aurait
fait trop de peine. Nous passâmes là plusieurs heures
et au moment de partir, je voulus lui laisser nos
provisions, mais comme elle les aurait refusées,
j'eus recours à un subterfuge. Subrepticement, lorsque la femme ne me vit point, je cachai tout ce qui
restait de nos vivres au fond de la grotte, sous les

hardes. Il était certain qu'après notre départ, en
rangeant ses affaires elle verrait le cadeau et qu'elle
en profiterait au moins pour ses enfants. J'étais
profondément ému de la grandeur de ces sentiments élevés, si naturels et si spontanés chez ces
êtres misérables, chez ces barbares, comme nous
les appelons souvent. Le naturel du geste de donner
est, chez eux, instinctif, la vieille hospitalité s'est
conservée avec tout son caractère d'autrefois.

Je fis plus tard ce qui était en mon pouvoir pour
atténuer la misère qui s'était abattue sur cette famille délaissée, en signalant au Kaïmakan de Nalout
cette lamentable histoire. Des secours furent envoyés par le gouverneur à la malheureuse.

Après quelques jours de repos à Nalout dans nos
souterrains confortables et spacieux, je repartis
vers l'Est pour un vaste village qui m'était signalé
à quelques heures du chef-lieu. Je traversai l'oued
Bou-el-Hassa, dont les ramifications isolent le plateau de Nalout. Nous le suivîmes un instant vers
l'amont et après l'avoir franchi, nous pénétrâmes
dans une vallée latérale qui, étroite et profonde,
s'enfonce dans les hauts plateaux. Nous cheminions
au milieu du dédale des roches cahotiques et il me
semblait à chaque instant arriver à l'extrémité de la
vallée. Mais sa forme était si capricieuse et ses con-
tours si incertains que toujours une sinuosité brus-
que et inattendue mettait en face de nous un nouveau
tronçon. Je ne voyais pas du tout dans ces sauvages
régions où pouvait percher le si grand village que
l'on m'avait signalé et je traitais déjà d'exagéré le
tableau qu'on m'en avait fait.

Au moment où je désespérais d'arriver, une citadelle apparut, perchée en haut d'une paroi. Je devinais partout dans les roches des habitations souterraines et en regardant plus attentivement, je constatai l'existence des multiples fenêtres qui donnaient le jour dans les habitations des troglodytes. C'était Tirhit, grand et important bourg, que j'atteignis quelques instants plus tard. Les habitants vinrent au-devant de moi. Je fus très embarrassé, car chacun voulait m'entraîner chez lui pour m'offrir sa maison. Je choisis celle qui se trouvait tout en bas du village et m'y installai. J'étais à peine arrivé que je reçus des cadeaux : du legbi frais, des dattes, une gazelle et des œufs. Et je ne pouvais pas refuser ces offrandes, car les habitants l'auraient pris en fort mauvaise part.

Tirhit est un village qui compte plusieurs centaines d'habitants. Ils vivent dans les maisons étagées en gradins sous le ksar qui occupe la partie culminante d'un éperon rocheux s'avançant dans une partie élargie de la vallée. La forteresse et les maisons sont à peine visibles de loin, on ne les aperçoit que lorsqu'on est à côté. Leur teinte se confond avec le gris des grès calcaires du soubassement.

La principale vallée de Tirhit se résout près de cette localité en une multitude de ravins encaissés, au fond desquels croît une végétation clairsemée. Pour rassembler l'eau des rares pluies les habitants ont construit des barrages. Entre chaque barrage, sur une petite plate-forme, se trouve un jardin. L'eau s'écoule d'un jardin dans un autre, il n'y en a pas une goutte de perdue.

Le puits de Tirhit est situé un peu en amont au fond de la vallée. Le soir, cet endroit est plein d'ani-

mation car toutes les mouquères du village viennent y puiser l'eau avec leurs gherbas. Des palmiers ombragent ce site délicieux. J'eus la bonne
fortune, un jour qu'aucun Arabe ne me voyait, d'y
photographier quelques femmes, seules au bord
du puits. Le site était tranquille, isolé, dominé par
les gradins qui forment les flancs de la vallée. Le
tableau était charmant. Les femmes avaient écarté
leurs mantes bleues et souriaient. Nul bruit, nul
murmure ne venait troubler le silence du soir mon-
tant. Mais soudain la voix braillarde d'un Arabe
farouche vint rompre le charme et me força à prendre
une attitude d'indifférence et d'ennui. Je ne voulais
pas exciter la jalousie des habitants du village et je
détournai tranquillement les yeux. Un peu plus
tard je retrouvai Madouk qui, dans la case obscure,
devant le feu, préparait le dîner.

En attendant je causais avec plusieurs soldats
qui étaient là, habillés de superbes habits neufs.
C'étaient de nouvelles recrues qui venaient me
rendre visite. Elles étaient originaires de Tirhit.
C'était la première fois qu'elles portaient l'uniforme.
Ces jeunes soldats avaient une physionomie agréable
et m'inspiraient une véritable sympathie.

Mes compagnons avaient l'air embarrassé de gens
qui désiraient quelque chose. Je faisais de mon
mieux pour les encourager à me confier ce qu'ils
voulaient me dire. Je les questionnais sur le service
militaire. Ce que j'appris était intéressant, car c'était
l'opinion prise à la source même de ce que pen-
saient les indigènes du service militaire obligatoire
auquel ils étaient soumis depuis quelques années.
Ces Berbères craignaient d'être envoyés au loin par

les Turcs pour des guerres qui ne les intéressaient
pas. Cette crainte provenait sans doute des récits
exagérés que des soldats ottomans s'étaient plu à
raconter à ces âmes simples et crédules, dans le
but de s'entourer d'une auréole de gloire et d'exciter
l'admiration. Mais, d'autre part, ils étaient una-
nimes à désirer se battre en Tripolitaine au cas
d'un envahissement de chrétiens et surtout des
Italiens, car, quoique ignorants ils font parfaitement la différence entre les différentes nationalités
européennes. J'acquis la conviction que lorsque la
Turquie sera attaquée par les Italiens, les Berbères
se lèveront en masse pour repousser l'ennemi commun. Tous les Berbères oubliant leurs vieilles
haines se rallieront sous le drapeau turc. La Turquie a sauvé des milliers de malheureux en combat-
tant la famine et les Berbères sont reconnaissants
des efforts faits pour eux; aussi la guerre qui éclate
en ce moment provoquera une levée en masse des
populations berbères. Si elles avaient eu à souffrir
du joug ottoman, comme on l'a insinué, elles profite-
raient au contraire de l'occasion pour se soulever
contre les Turcs.

Je revis souvent les conscrits. Une intimité s'établit entre nous, je commençais à les connaître et à
démêler leurs sentiments. Comme chrétien, je ne
pouvais pas arriver à une entente parfaite; je
m'étonnais cependant qu'ils ne me montrassent
aucune hostilité. Je leur en fis la remarque, car ils
m'avaient dit qu'ils repousseraient les chrétiens si
ceux-ci venaient chez eux. Mais j'étais considéré
comme un hôte. L'étranger qui arrive en pays mu-
sulman, n'importe où, est bien reçu. Le sentiment

de l'hospitalité est inné chez les Berbères. Que le nouveau venu soit chrétien, qu'il soit un ennemi héréditaire de leur race, il sera cependant protégé s'il se confie à eux.

Ces soldats désiraient s'instruire. Ils me demandèrent de leur apprendre les chiffres et les lettres. Ils sortirent chacun de leur veste un feuillet de papier et un crayon. Ils passèrent des heures à essayer d'imiter les modèles que je leur faisais. Ils auraient aimé continuer à travailler et apprendre beaucoup de choses. Ils montraient beaucoup de zèle pour ce travail qui devait être compliqué pour des esprits aussi rudes. Ils désiraient apprendre et me supplièrent même de rester parmi eux pour les instruire. Ils étaient drôles ces grands enfants maladroits auxquels j'enseignais ces choses si simples, mais leur application était grande, ils avaient le désir d'arriver.

Notre caravane me rejoint à Tirhit. Le soir de son arrivée, posté sur la terrasse devant ma demeure, j'entends les cris des chameliers et le bruit sourd qui monte du fond de la vallée. C'est la caravane qui traverse un passage étroit et difficile. Peu à peu, surgissent en dessous de moi les bêtes pareilles à des ombres fantastiques ; elles escaladent la pente rapide et incommode qui conduit au village. Il faut plusieurs heures avant que la caravane soit rassemblée sur l'esplanade.

Nous sommes tous rassemblés à Tirhit. Quelques jours plus tard, nous partons vers l'est pour visiter les villages situés sur le haut de la falaise du Djebel, villages nombreux, importants, très rapprochés les uns des autres.

De Tirhit, en remontant le ravin qui vient mourir en s'amorçant sur le haut plateau, on atteint facilement la hauteur. Le plateau est ici à une altitude de 640 mètres, un peu plus élevé qu'à Nalout. Il continue à se relever progressivement vers l'est, entaillé profondément sur sa bordure par des gorges étroites, ramifiées, qui s'enfoncent au loin dans l'intérieur, souvent sur une longueur de plusieurs dizaines de kilomètres. Il est presque impossible de cheminer le long de la falaise trop près de sa bordure nord, car alors on est obligé à des descentes et des montées continuelles très pénibles. Aussi tandis que le gros de la caravane passe par le sud pour éviter ces dépressions nombreuses, je les traverse facilement avec mon cheval, le brave et infatigable Sucre, dont le pied sûr me transporte en toute sécurité, même dans les endroits les plus périlleux.

Ces ravins sont si profonds, si rapprochés et la dentelure de la falaise est poussée si loin qu'on passe des journées entières à monter et à descendre. Une des premières localités où nous campons, à une dizaine de kilomètres à l'est de Tirhit, est le village de Hohàmmed.

Le ksar apparaît en haut d'un ravin encaissé. Sur notre gauche, il s'élève ressemblant à une énorme masse rocheuse percée de trous. Une moitié du bâtiment séparée par une fissure béante s'incline sur l'abîme. Cette ancienne forteresse délabrée, dont une partie ne tient plus que par un miracle d'équilibre, ne se distingue pas du rocher. Seules les meurtrières nombreuses indiquent qu'il y a là une citadelle imposante. Tout autour, je devine de nombreuses maisons, enfouies dans les rocs, cachées aux regards indiscrets. Les habitants, blottis entre les roches, nous regardent passer.

Le nom de Hohammed désigne quelques petites bourgades éparpillées sur le plateau et qui ensemble comptent plusieurs milliers d'habitants.

Le lendemain à l'aurore, je pars avec mon guide. Je dois retrouver mes compagnons dans un village grand et réputé, situé à quelques heures de Hohammed. Nous atteignons bientôt Talat. De cet endroit qui domine le pays, une vieille femme nous indique en face de nous Kabao, situé à quelques kilomètres. Aussi c'est tout en flânant que nous parcourons les oueds qui nous séparent du but. Au fond de l'un d'eux nous nous endormons à l'ombre d'un figuier. Mais le soleil monte. Je réveille Hamed en lui rappelant que nous n'avons pas emporté de provisions et qu'il nous faut arriver avant midi au village. Nous reprenons notre course, sûrs d'atteindre rapidement Kabao.

Après avoir escaladé les pentes de l'oued, nous sommes de nouveau en face de Kabao, dont les maisons blanches scintillent sous le soleil de midi. Mais au moment où il nous semble atteindre le but, un nouvel oued, aussi profond que le précédent, s'offre à nous. Nous sommes forcés de le traverser, mais quel n'est pas notre désespoir lorsque, remontés de l'autre côté, nous voyons une nouvelle dépression à franchir. Sans force, nous redescendons à travers les éboulis. Depuis dix-huit heures nous n'avons rien mangé. Aussi, au fond de l'oued nous cherchons dans les figuiers quelques fruits, mais ils ne sont pas mûrs. La nuit tombe, mon

compagnon me propose de coucher là. Il me prêtera
son burnous et le lendemain au jour nous reparti-
rons.

Mais il faut encore tenter un dernier effort, essayer
d'arriver à tout prix à Kabao. La nuit est obscure,
sans lune. Nous nous traînons au fond de l'oued
parmi des blocs énormes. Sucre glisse sur les pierres
polies. Il ne peut plus me porter. Je descends de
cheval et tandis que Madouk devant moi le conduit
par la bride, je suis tant bien que mal. Nous traversons ainsi encore quatre oueds. Il y en a toujours
de nouveaux. Je suis désespéré et tombe finalement,
n'en pouvant plus. Madouk se couche à mes côtés.
Lui aussi n'a plus de courage. Nous sommes perdus.
Madouk est résigné. Allah l'a voulu ! tout est fini !

La faim nous torture et le froid nous transit. Depuis vingt heures nous n'avons mangé que quelques
figues pas mûres et nous avons cheminé presque
sans arrêt. Mon cheval, étendu à nos côtés lèche les
pierres. Le tableau du groupe est lamentable.

Nous restons là longtemps, inconscients du temps
qui fuit.

Un bruit lugubre, semblable à un ululement long
et plaintif, retentit soudain, dans les rochers. Il se
répercute, sinistre, dans la vallée.

Madouk est debout, il écoute attentivement la
plainte qui recommence et se tournant vers moi,
frémissant, il me dit : « C'est un chien, le village
est là-haut. » Mais cette nouvelle n'est plus faite
pour me réjouir. Tombé dans un demi-coma, incon-
scient des choses, mon esprit plane dans le monde
des rêves. Je suis presque irrité contre Madouk qui
brutalement me tire de ma songerie.

Nous escaladons les roches avec peine. Je sens ma tête bourdonner. Je rends responsable de nos malheurs mon fidèle domestique

Pendant trois heures nous montons ainsi, avec des alternatives d'espoir et de désolation. Je crus que jamais nous n'atteindrions le village. Nul bruit ne s'entendait plus. Un doute nous envahit. Nous n'osions le formuler.

Enfin, au-dessus de nous, des murs blancs se devinent dans l'obscurité. Cette vue nous donne du courage et, en nous traînant sur les genoux, nous atteignons la bourgade.

Nous étions sauvés. A cinquante mètres en face, sur le plateau, un grand feu brille, allumé par les soins de mes compagnons qui avaient pris la précaution d'entretenir toute la nuit ce signal de ralliement. En quelques instants nous sommes au campement de la mission.

Après Kabao, sur le bord de la falaise, les villages se pressent nombreux. Ils se ressemblent tous. Ce sont les mêmes amas de ruines dominées par des forteresses. Nous traversons Temzin et Tindimira. Cette dernière localité domine un oued large de plusieurs kilomètres, l'oued Serous, le plus important de la région, avec, au fond, des îlots de palmiers. Nous le traversons.

De l'autre côté, la falaise s'élève verticale. Un sentier à peine tracé conduit au village de Msafar dont tous les habitants, perchés sur les rochers, nous observent, tandis que nous escaladons lentement la pente abrupte ou que nous cheminons avec précaution le long de corniches étroites qui dominent le vide..

Après Msafar, sur le haut du plateau, Tinzeret, très grand village, est accroché au bord du précipice.

A Tinzeret, nous quittons la falaise pour descendre de la plaine en suivant le ravin encaissé qui part du village et s'ouvre largement vers le nord, divisé plus loin en deux tronçons par le Djebel Bedern. Cette montagne fait partie des hauts plateaux, mais elle en est séparée par une échancrure large et profonde qui l'isole complètement. Mais l'on peut raccorder par la pensée les couches calcaires qui la forment à celles du Djebel principal, car elles en sont la continuation très nette et évidente.

Le Djebel Bedern est divisé à son tour par plusieurs découpures qui forment des cols occupés par une série de villages.

C'est au pied du village de Bedern, le plus oriental, à l'ombre de quelques palmiers que nous établissons nos tentes. Le site est pittoresque, tranquille et plein de charme. L'horizon est restreint par les parois diffuses de la falaise. Au nord, les strates du Djebel Bedern nous dominent. La vue se repose avec complaisance sur ce spectacle limité dont nous jouissons après avoir considéré pendant des mois les horizons sans fin et monotones des déserts du sud.

De Bedern, nous gagnons la plaine. Des taches sombres indiquent dans le lointain les oasis de Diouche, grandes et belles palmeraies situées à une dizaine de kilomètres au nord.

CHAPITRE IX

LE DJEBEL FASSATO

La palmeraie de Diouche. — Réception du Kaïmakan. — La source. — La cavalerie turque. — Les chevaux berbères. — Pente anormale des oueds. — Affaissement du pays au Sud. — Grand mouvement de bascule. — Généralité du phénomène. — Élévation du plateau de l'Ouest vers l'Est. — L'oasis de Chekchouk. — Le château des Roumis. — L'échancrure de Fassato. — Le porteur de legbi. — Le village de Mezrour. — A Génaoun. — Imagination berbère. — Soupçons. — Malentendus. — Djâdo. — Dans le bar. — Le Kaïmakan de Fassato. — Les autorités. — Le médecin. — Le pharmacien. — Le climat sec du Djebel. — Malpropreté des habitants. — Sa cause. — Sur les hauts plateaux. — Forêts d'oliviers. — Les villages. — Ryana.

Les palmeraies de Diouche, Chekchouk et Massida sont situées dans la plaine à quelques heures du bord de la falaise. Bien arrosés par des sources dont les eaux sont abondantes et limpides leurs jardins sont verdoyants et fertiles.

Le sol est moins aride que sur les hauts plateaux. La position même des oasis au pied de la falaise à l'endroit où les eaux sortent de réservoirs souterrains est excellente. De toute part les oueds convergent vers ces oasis. On peut suivre grâce aux traînées vertes et ramifiées les cours souterrains de plusieurs rivières.

Depuis peu de temps il réside à Diouche un Kaï-makan, ancien général de l'armée turque. Nous étions à peine arrivés qu'il se présente en habit de gala. J'avais décidé de nous installer dans l'oasis même à l'ombre des dattiers. La verdure du feuillage repo-sera nos yeux éblouis par l'éclat des rochers.

Le Kaïmakan désire absolument m'offrir sa mai-son. Mais je persiste dans mon idée première de camper dans l'oasis. Cet excellent fonctionnaire fait alors nettoyer par une douzaine de soldats la meil-leure place, arroser le sol et les plantes pour rafraî-chir l'atmosphère. Il couvre le sol de l'oasis d'épais tapis turcs sur lesquels nous nous étendons avec délice tandis que les soldats nous apportent le café et d'exquises cigarettes. Et pour parfaire cet accueil si courtois il nous offre une gazelle et un mouton. Le Kaïmakan va et vient devant nous, vif, alerte, il se désole de ne pouvoir faire plus. Je ne sais com-ment le remercier d'une réception aussi chaleu-reuse.

Le village de Diouche est assez grand. Je rends visite au juge, Arabe superbe et imposant dans sa robe blanche couverte de dentelles.

Le ksar domine le village de l'autre côté de la petite vallée où coule l'eau de la source, mince filet clair et limpide qui va se perdre dans la plaine plus au nord.

Un régiment de cavalerie campe autour de la forteresse. C'est un beau spectacle de voir cette troupe d'élite manœuvrer dans les environs. Les petits chevaux aux jarrets d'acier, fébriles, impa-tients, partent en des galops effrénés. Le soldat est raide sur sa selle, immobile comme une statue. J'ad-

mirai les formes nerveuses de ces chevaux. Le
cheval berbère ne mange presque rien. Il supporte
la faim avec courage. Un peu d'orge et un peu d'eau
le soir lui suffisent pour l'étape. Son galop dans la
plaine est rapide, mais il rend de non moins grands
services aussi dans la montagne. J'en fis souvent
l'expérience avec Sucre, mon petit cheval infatigable
qui me transporta pendant quatre mois. Son intelligence était étonnante. Un jour dans les rochers le
passage à franchir était difficile et dangereux. Sur
les corniches surplombantes je dirigeais au hasard
ma monture. Soudain la brave petite bête secoua vivement la tête pour me faire lâcher les rênes que dans
mon hésitation je tiraillais maladroitement. Je n'eus
que le temps de saisir la crinière à pleines mains,
car, dans un effort subit et violent, Sucre, les jarrets
tendus, les narines frémissantes, avait escaladé les
derniers gradins du rocher qui me paraissaient infranchissables quelques instants auparavant.

Dès ce jour, aux endroits difficiles, je laissais
Sucre agir à sa guise. Je m'abandonnais à son ins-
tinct intelligent et hardi. Lorsque le passage était
vraiment trop périlleux la noble bête frémissait
d'impatience et poussait des gémissements plaintifs.
C'était l'indice certain qu'il n'était pas possible de
passer et que l'obstacle devait être contourné.

De Diouche nous nous dirigeons vers les oasis de
Chekckouk, à l'est, en parcourant le bled dont la végétation maigre ne consiste qu'en petits arbustes
rabougris. Le Kaïmakan pousse l'amabilité jusqu'à
nous accompagner pendant plusieurs heures avec
tout son état-major d'officiers et de dignitaires de
l'endroit.

Nous traversons entre Diouche et Chekchouk
une série d'oueds profonds et secs dont le fond est
recouvert de blocs roulés et de graviers. Ces anciens
lits de rivières présentent une particularité curieuse
et qui témoigne de dislocations récentes de tout le
pays. Au lieu de s'abaisser des montagnes vers la
mer et vers le nord comme on serait en droit de le
supposer, le lit des oueds s'élève au contraire de
la base de la falaise vers la mer. La pente est insensible, mais cependant appréciable sur une cinquantaine de kilomètres jusqu'à une ligne de faîte
qui court de l'Ouest à l'Est parallèlement à la falaise.
Une pareille anomalie ne peut s'expliquer que par
un mouvement général du sol qui s'est affaissé au
Sud. Il y a eu un mouvement de bascule qui a affecté
les thalweg. Le relief hydrographique devait être
indiqué déjà avant ce mouvement d'affaissement de
l'arrière-pays qui a une date récente, postérieure au
creusement des oueds. Ce phénomène est général,
car il est observable sur plusieurs centaines de kilomètres de longueur. La pente anormale des oueds
est la même que l'inclinaison des strates calcaires
des hauts plateaux qui, du bord de la falaise, s'inclinent aussi vers le Sud d'une façon insensible,
mais constante.

C'est par suite de ce phénomène de bascule que la
hauteur diminue régulièrement à mesure que l'on
s'éloigne du bord de la falaise. Les quelques alti-
tudes suivantes prises dans une série de localités
du Nord au Sud sont caractéristiques. Nalout est à
620 mètres, Bir Zar à 500 mètres, Châoua à 450 et
finalement Ghadamès à 350. Mais si, dans cet ordre
d'idées, on considère le plateau dans son développe-

pement suivant la latitude on remarque une élévation progressive de l'Ouest vers l'Est. Djâdo atteint
710 mètres et le Djebel Tracet 900 mètres. Ces indications mettent en lumière des mouvements de terrains énormes mais de faibles amplitudes. Ils déter-
minent la nature du pays tel qu'il se présente à nous
actuellement, grands espaces informes, monotones
dans leur constitution comme dans leur structure.

Vers l'Est les conditions générales changent par
l'apparition de nouveaux éléments géologiques. Ces
éléments apportent dans le relief une variété qui
rompt la monotonie du paysage.

Les palmeraies de Chekchouk sont situées en
face du débouché d'une vallée large et importante.

Elles sont arrosées par des sources au débit
abondant. Plusieurs villages situés sur de petites
collines dominent les nombreux jardins bien irri-
gués. Sur un monticule, s'élèvent les ruines d'un
ancien fort. Les indigènes l'appellent *Le Château
des Roumis.*

Son origine est obscure. Ce château aurait été
construit par les Espagnols et serait le reste d'importants ouvrages de défense. Il est possible qu'il
y ait du vrai dans ces racontars, car les Espagnols
ont bien occupé le pays vers 1520. Mais dans les
vieilles salles croulantes de l'ancienne forteresse,
aucun indice ne vient à l'appui de ces « on dit ».

Ce château n'est peut-être qu'une ancienne forteresse berbère remarquable par ses dimensions,
mais la tradition veut qu'il ait été construit par des
chrétiens. La position même de la forteresse au
pied de la haute falaise n'est pas favorable à l'idée
d'une construction berbère. Les indigènes du Dje-

bel ont toujours perché leurs citadelles au haut des rochers les plus abrupts. Elles ressemblent à de véritables nids d'aigles qui dominent le pays. Ce serait une exception dans le Djebel que ce château berbère construit au débouché d'une vaste vallée dans la plaine.

De Chekchouk nous quittons la plaine pour nous enfoncer directement au Sud. En ce point une échancrure béante rompt la continuité de la falaise. Presque partout où la montagne est profondément entaillée les villages occupent les bords de la dentelure dessinée dans les hauts plateaux.

A droite, Mezrour domine la plaine faisant face à Djâdo, grande agglomération, chef-lieu de district. Entre ces deux localités, au fond de la vallée, nous campons dans la petite bourgade de Génaoum. Il y a d'autres villages encore, qui occupent soit le fond de l'oued, soit le haut du plateau.

Un chemin escarpé conduit à Mezrour. Du haut de la falaise, on admire la plaine, blanche et grise, toute sillonnée par les ravins et les oueds qui convergent vers les oasis de Chekchouk dont les palmiers forment plusieurs taches sombres. Le relief est accentué par le jour matinal qui projette des ombres allongées derrière les éminences. Au premier plan, c'est le chaos des masses éboulées et désagrégées, qui du haut de la muraille se sont écrasées dans la plaine.

Parmi les creux et les bosses, le burnous blanc d'un Berbère apparaît. Cet homme chemine solitaire et a bientôt fait d'atteindre le promontoire sur lequel nous sommes en observation. Il se rend à Mezrour et je suis heureux de l'avoir comme guide. Il porte dans ce village du vin de palme. Ce sont les oasis du bas qui fournissent aux habitants du haut plateau la boisson rafraîchissante. Le porteur qui vient de nous rejoindre fait cette course chaque jour. Avec lui nous escaladons les derniers contreforts pour atteindre sur la plateau ondulé, au milieu des oliviers et des jardins, les maisons blanches, spacieuses et propres de Mezrour.

Nous arrivons dans une partie du Djebel très peuplée. Les habitations y sont confortables et bien construites. Le pays est ici plus riche, les habitants plus nombreux et plus industrieux qu'ailleurs.

Une mosquée, dont la coupole éclatante de blancheur domine les maisons, donne une impression de civilisation et de bien-être. Des marabouts, au milieu des jardins, à l'ombre des oliviers, font de ce coin un véritable paradis tranquille, où il est agréable de pénétrer après avoir franchi les roches escarpées qui en défendent l'accès.

Mes collègues avaient établi le campement au fond de l'oued, à Génaoum. Je rejoignis là la caravane, qui avait pris le chemin le plus court par le fond de la vallée. Les tentes étaient dressées sous un olivier à côté du village. L'endroit était pittoresque, mais encaissé dans un ravin étroit dominé par les hautes falaises au sommet desquelles Djâdo domine. Djâdo, Yeffren et Gharian, sont les principales localités du Djebel. Djâdo est un grand bourg faisant partie de l'agglomération de Fassato. J'avais à peine rejoint le campement que le kaïmakan Ahmed Remzi accompagné d'un officier vint me rendre visite. Son accueil fut fort peu aimable. Il me demanda avec la plus incompréhensible insistance où était le trésor que j'avais découvert et emporté du château des Roumis. Au premier abord je fus très surpris et ne compris rien à un pareil langage, qui paraissait être une interrogation en règle. Je fis de mon mieux pour y répondre.

J'étais accusé d'avoir pénétré dans le vieux château des Roumis de Chekchouk, d'y avoir fait des fouilles et trouvé un lingot d'or, que des Berbères nous avaient vu de loin emporter sur le dos. Cette histoire rapportée au Kaïmakan avec toute l'exagération dont elle était susceptible après avoir passé dans plusieurs bouches, conduisit ce brave magistrat à la conviction que nous avions volé une somme considérable au gouvernement ottoman. Cet incident nous jetait dans le plus cruel embarras. On fit venir le Berbère qui avait vu le vol et, d'après ses explications, je compris le malentendu. Il s'agissait de notre géomètre qui, transportant sur son dos la lunette théodolite dont le laiton poli brillait au soleil de mille éclats, avait été aperçu par un Berbère à l'imagination vive. Cet homme avait fait du fardeau insolite un précieux trésor. Le fait avait été rapporté au Kaïmakan, qui croyait de son devoir de demander des explications. Je lui montrai l'instrument, mais impossible de convaincre l'irascible gouverneur ; il voulait faire une perquisition selon toutes les règles de la loi. Se promenant au milieu de nos caisses, il jetait sur les inoffensifs colis les regards les plus soupçonneux. Arrivé près de notre cuisine, il voulait fouiller les caisses où il n'y avait que des casseroles et des marmites. Mais Djemma, notre cuisinier, s'y opposa obstinément. La situation devenait difficile. Le magistrat, fort de la justice de la mission qu'il

croyait remplir, provoqua l'épouvante de nos zaptiés
en les menaçant de la prison s'ils n'avouaient pas
avoir vu le trésor. Notre pauvre chaouch Sadok était
affolé. Il montrait le signe d'une épouvante qui, en un
tout autre instant nous eût paru comique. Mais il n'é-
tait pas question de rire, car je prévoyais des difficultés pour le reste de notre voyage. Le Kaïmakan repar-
lit avec son secrétaire, le salut fut moins que cordial.

Le lendemain, je monte à Djâdo pour essayer de
convaincre les autorités de notre innocence. Un
chemin rapide, dallé avec de grandes plaques de
pierres sur lesquelles les chevaux glissent et avancent avec peine, serpente dans les rochers. Après
une heure de marche nous atteignons les maisons
du village. Sadok m'accompagne. Nous pénétrons
dans un bar arabe. Des fonctionnaires turcs sont
assis en cercle buvant du café. Nous en commandons. La conversation s'est arrêtée à notre arrivée
et dans cette salle étroite, assis sur le banc de pierre,
je me sens mal à l'aise, regardé curieusement par
une douzaine d'yeux qui se fixent longuement sur moi.

Le silence est glacial malgré la chaleur sénégalienne qui nous fait ruisseler par tous les pores de
la peau. Enfin l'un des convives me demande si je
suis italien. A ma réponse négative ils paraissent
plus à l'aise. Une légende nouvelle était née, me
faisant passer pour espion italien venant faire des
observations dans le pays en vue d'une guerre pro-
chaine et de l'invasion du territoire. J'explique de
mon mieux le but purement scientifique de la mission qui m'était confiée et je vois avec plaisir que
la défiance dont j'étais l'objet diminue peu à peu,
remplacée par une vive sympathie. Quelques prises

de tabac et des cigarettes viennent augmenter la
confiance réciproque. Nous causons bientôt ami-
calement lorsque le secrétaire du Kaïmakan m'an-
nonce que son maître est au ksar et m'attend.

Le ksar ressemble à ceux décrits précédemment.
C'est la même architecture massive, les mêmes
murs énormes dans lesquels sont creusées les différentes salles de la forteresse. Ce n'est pas sans
émotion que je suis le soldat dans le bureau du Kaïmakan, car de cette entrevue va dépendre la réussite de la fin mon voyage. Je voyais déjà se dresser
devant moi les difficultés de toutes sortes, causées
par des racontars fantaisistes qui avaient trouvé
une créance ridicule. Mais je suis vite rassuré car à
mon entrée Ahmed Remzi se précipite vers moi les
deux mains tendues et me prie de l'excuser de l'incident qui avait surgi.

Le Kaïmakan avait fait une enquête et s'était vite
convaincu de l'ineptie de tous les soupçons portés
sur moi. Il avait sévi vivement contre ceux qui
avaient dénaturé les faits. Le Kaïmakan me demande
de ne plus penser à cette aventure et se met à ma
disposition entière en cas de besoin. L'incident était
clos de la plus heureuse façon. J'excusai sincèrement ce fonctionnaire car sa tâche est difficile.

Responsable devant un chef sévère et inflexible il
a pour mission d'empêcher toute pénétration étran-
gère dans ce pays où l'Italie entretient des intrigues
et cherche à gagner de l'influence. Soupçonné à
tord d'espionnage italien, j'étais surveillé et le Kaïmakan avait sans doute fait en cette occasion son
devoir de fonctionnaire dévoué.

Je reste longtemps au ksar. Les dignitaires de la

capitale viennent les uns après les autres me rendre
visite. Je cause avec tous et ils me donnent d'excellents renseignements sur le pays. Le médecin
m'entretient de climatologie; Fassim Effendi, le
second du Kaïmakan, me dévoile les curiosités du
pays. Le pharmacien militaire Andérialès, un Grec
à la figure noble et blanche qui parle français,
m'offre plusieurs bouteilles de vin du pays, boisson faite par les juifs avec les raisins cultivés
dans les palmeraies du plateau. C'est un vin cuit
auquel il faut s'habituer pour y prendre goût.

Ces fonctionnaires aimables mènent une vie monotone et triste dans ce coin désolé, perdu sur un
point culminant du plateau. Mais le climat est merveilleux, sec et brûlant. Il est un excellent remède
contre les douleurs. Un officier qui souffrait depuis
de longues années à Tripoli de rhumatismes douloureux, en avait été complètement guéri après quelques
mois de séjour à Djâdo. Ces régions sont certainement appelées à prendre de l'importance dans l'avenir, comme lieu de séjour pour les malades souffrant
de douleurs. Le climat est sec, chaud, l'air est pur.
Les habitants meurent de faim et d'inanition, mais
les malades sont rares.

La saleté des Berbères n'amène pas d'épidémies.
Le Berbère ne se lave jamais, non parce que l'eau est
peu abondante comme on pourrait le supposer, mais
le besoin de se laver ne se fait pas sentir. La cause en
est dans la sécheresse de l'air. L'évaporation se fait
rapidement, la sueur ne reste pas sur le corps.
Lorsque ruisselant à la suite de longues marches
sous un soleil brûlant, on s'arrête quelques minutes;
le corps sèche immédiatement. Et nous-mêmes

nous n'éprouvions pas le besoin de nous laver. Ce n'est pas une nécessité comme dans d'autres climats. Au Soudan on ne peut passer un jour sans ablutions, car le climat est chaud et humide. La peau reste couverte d'une couche moite. Elle ne peut sécher, car l'air est saturé de vapeur. C'est bien à tort qu'on dit qu'un peuple est plus propre qu'un autre. Ce sont les conditions extérieures de l'atmosphère qui règlent souvent les actes des individus bien plus que le désir de bien faire.

Quelques jours plus tard, nous quittons définitivement Djâdo, après des adieux très amicaux à la colonie turque. Nous cheminons maintenant sur le haut du plateau. Le pays est toujours plus fertile, partout s'étendent des champs d'orge. Le chemin serpente dans de grandes forêts d'oliviers. Ces arbres excitent notre admiration. Quelques-uns sont énormes.

Sur le plateau vallonné, les villages succèdent aux villages. Zintan resplendit à quelques kilomètres de nous, sur les pentes adoucies d'un vallon : c'est un grand et beau bourg de plusieurs milliers d'habitants. Ensuite El Arguit, au fond d'une petite vallée. Puis les oliviers de Chamah, parmi lesquels nous cheminons une journée entière. Cette forêt est célèbre. Elle a été plantée, dit-on, par Salomon lui-même. Nous nous rapprochons du bord de la falaise. Là perchés, dominant l'abîme, les agglomérations humaines s'étagent les unes au-dessus des autres. Elles sont si rapprochées que chaque heure nous traversons un village. Nous atteignons Ryana, composée d'une douzaine de petites bourgades, dont Holed Assim et Holed Ali sont les plus importantes et les plus peuplées.

CHAPITRE X

LE DJEBEL YEFFREN

Les ruines romaines de Ryana. — Le ksar Zerzour. — Le bord du plateau. — Les oueds. — L'oued Resas. — Yeffren. — La ville. — Le commissaire de police Mouri Effendi. — Le mouteçarref. — Les fonctionnaires du gouvernement. — Leur honnêteté. — Réception du mouteçarref sous l'olivier. — Le désastre. — A la prison. — La sécheresse. — La famine. — Distribution des vivres. — L'œuvre d'Ibrahim Pacha. — Des milliers d'hommes sauvés par lui. — Le geste de donner. — Le petit Mofeta. — Le ksar. — Instruction des recrues. — Rapports amicaux entre officiers et soldats. — Position militaire de Yeffren. — Plan turc contre l'invasion italienne. — Forteresse naturelle infranchissable. — Concentration des troupes berbères sur les hauts plateaux. — Résistance facile. — Dîner chez le moudir de la Régie. — L'histoire de la source de Yeffren.

Holed Ali et Yeffren occupent chacun un promontoire du plateau. Ils sont séparés par une dépression large de plus de quinze kilomètres, formée par la réunion de nombreux oueds secondaires, qui, en se rejoignant, donnent naissance à une vallée large et évasée.

D'Holed Ali, afin d'éviter cette dépression profonde, notre caravane passe par le sud pour se rendre à Yeffren. En faisant ce long détour, on n'a qu'une série de petites vallées peu profondes à traverser. Accompagné de quelques Arabes, je prends

la route directe par les rochers, route impraticable
pour des chameaux chargés, mais plus intéressante
à parcourir.

C'est à Ryana, près du village d'Holed Ali, que se
trouvent les premières ruines romaines, qui consistent en un vieux château d'aspect encore imposant
avec ses blocs énormes bien équarris. Les Romains
ne paraissent pas avoir pénétré plus à l'ouest et au
sud de Ryana, car c'est dans ce village que j'ai trcuvé
les premiers vestiges de l'ancienne occupation ro-
maine. Et cette aire d'occupation coïncide précisé-
ment avec la partie la plus fertile du pays. Il est naturel que les Romains n'aient pas cherché à accaparer des déserts sans valeur. Ils se sont contentés
d'occuper la région fertile du pays. Du reste, dans
tout le Djebel Yeffren, les ruines romaines sont nombreuses. Cette partie était sans doute la plus importante de la Tripolitaine occidentale, comme elle
l'est encore aujourd'hui.

On reconnaît dans les ruines d'Holed Ali les vestiges d'un ancien château, peut-être vieux palais
d'un gouverneur.

Holed Ali occupe une situation privilégiée au haut
d'un cirque formé par la ramification occidentale de
l'oued principal qui le sépare de Yeffren. Le village
est situé derrière un promontoire qui s'avance vers
l'est. Sur ce promontoire s'élève uné ancienne citadelle berbère, le ksar Zerzour, dans une situation superbe, sur une énorme masse rocheuse et isolée, liée
seulement par un isthme étroit aux hauts plateaux.

Lui faisant face, de l'autre côté, un autre promontoire s'allonge vers le nord, à l'origine duquel s'élève
la forteresse d'Yeffren. Au pied d'une proéminence,

des vallonnements s'étendent sur une grande largeur. Ces collines sont formées par du gypse blanc
en masses énormes, qui doivent leur structure
tourmentée à des ravinements multiples. En arrière,
la dentelure compliquée du bord du plateau dessine
une vaste baie.

Dans la plaine, le terrain est entaillé par des oueds
profonds aux parois abruptes. Ils courent parallèlement les uns aux autres, provenant des ravins mé-
ridionaux. Rien n'est plus désespérant que de se
trouver constamment en face de ces canaux qu'il
faut traverser. Il est souvent difficile de franchir les
talus verticaux. Les oueds présentent le même phénomène anormal que j'ai noté dans les rivières de
Chekchouk, la pente descendante du lit vers l'amont,
pente qui est ici frappante par la netteté de sa relation avec l'inclination des lignes gypseuses de la
falaise.

L'oued le plus oriental, situé au pied de la falaise, est l'oued Bessas. Il vient d'une vallée importante. Au fond de cette vallée, on signale des ruines
romaines dans les environs du petit village d'Aïn-
Raumia. Nous sommes arrivés sous Yeffren, dont
les maisons et la forteresse nous dominent à
quatre cents mètres plus haut. C'est par un large
chemin, rapide et pierreux, qui traverse des plantations nombreuses, que nous nous élevons rapidement jusqu'au village de Tragebos. Mais le ksar
est situé de l'autre côté d'un ravin étroit. Ce n'est
pas chose facile que d'y arriver. Le chemin se termine dans les rochers, qu'il faut escalader tant bien
que mal pour atteindre le plateau supérieur. Alors
subitement nous débouchons dans une grande rue

bien entretenue, où règne une vive animation. Nous passons devant un café arabe situé dans la rue principale. Nous nous y attablons et commandons du café et des narghilés.

Yeffren est le plus important village de toute la région. Des maisons bien bâties, aux toits plats, bordent des rues étroites, bien entretenues. Les boutiques y sont nombreuses. L'activité règne partout. Le commerce est actif. Les marchands juifs y sont nombreux.

Dans les boutiques qui bordent la rue on vend toutes sortes de denrées, des produits commerciaux et des objets manufacturés.

La civilisation a pénétré jusqu'ici. Ce n'est plus le débraillement des villages de l'ouest. Dans la rue, des Turcs en redingote noire se promènent avec lenteur, des Arabes aux burnous richement brodés s'avancent d'un air compassé et digne. Tout ce monde se croise et se coudoie. Des mendiants déguenillés se faufilent entre les groupes et tendent la main. Nous retrouvons ici un petit « Tripoli » avec tous les degrés de l'échelle sociale.

Un officier qui passait s'approche, aimable, les mains tendues. La présentation est vite faite, c'est Mouri Effendi, commissaire de police. Il m'apprend que notre campement est établi près du village. Nos tentes sont dressées à l'ombre d'oliviers, en contrebas du ksar, près de la prison.

Yeffren est le siège du gouverneur général du Djebel Nefousa qui porte le nom de mouteçarref. Il dépend du Valy de Tripoli et a sous ses ordres les kaïmakans des districts. Je me rends le lendemain de mon arrivée à la résidence du gouvernement,

sorte de grande maison carrée, située à une centaine
de mètres du village, sur le plateau et dans laquelle le
mouteçarref tient audience et où se trouvent les différents bureaux de l'administration. Un soldat de garde
m'introduit dans une vaste salle, meublée à l'européenne. Une grande table derrière laquelle trône le
gouverneur en occupe le fond. Autour, contre les
murs, des fauteuils confortables. A mon entrée le
mouteçarref se lève et me salue; c'est un homme de
grandeur moyenne, dont les traits du visage sont
d'une extraordinaire finesse et empreints d'une distinction remarquable. Un charme indéfinissable, de
la bonté et de la grandeur émanent de sa personne;
il est habillé d'une ample robe noire et coiffé d'un
turban blanc. Je m'assieds à ses côtés tandis qu'entrent d'autres visiteurs.

Je fais connaissance avec un petit homme maigre,
aux lunettes d'or, au fez bien en forme; c'est le
moudir, le directeur des finances, très influent. Il
s'affale dans un fauteuil, à côté de moi et me cause
dans une langue incompréhensible. Cet excellent
fonctionnaire croit connaître le français, mais je ne
puis saisir le sens de ses longs discours.

Ensuite entrent l'aimable Mouri Effendi et d'autres.

Ces fonctionnaires s'intéressent tous beaucoup à
mon voyage et sont curieux de connaître mes impressions sur le pays; ils me questionnent aussi sur
l'Europe et sur les institutions libérales de ses états.
Ils m'entretiennent de la Turquie. Ils sont tous par-
tisans fervents du nouveau régime et me parlent libre
ment et sans contrainte de leur gouvernement. Ils
se montrent heureux des progrès accomplis par lui.

Ils sont tous dévoués au parti Jeune Turc qui a accompli en peu de temps une révolution digne des plus hauts éloges. Mais il est évident qu'il reste encore beaucoup à faire car on ne peut rénover un empire, transformer la mentalité d'un peuple qui a été si longtemps sous le joug d'une autorité absolue et injuste, en quelques années. Faire passer un pays des obscures traditions à une saine compréhension d'un pouvoir libéral est un travail qui ne peut se faire en un jour. C'est par une série de tâtonnements, par une succession de progrès suivis, parfois de reculs, que le gouvernement atteindra sans doute un jour le libéralisme parfait auquel il aspire.

On a parfois dépeint les fonctionnaires turcs de Tripolitaine comme des gens dont tous les services sont à vendre et qui, lorsqu'ils sont dans ces lointaines régions, s'enrichissent aux dépens de ceux qu'ils devraient gouverner avec justice et protéger. J'ai constaté la fausseté de ces accusations. Pendant mon voyage, c'est par centaines que j'ai recueilli les témoignages des habitants autochtones du pays, qui tous, se sont plu à louer la bonté, la grandeur de ceux qui les gouvernaient. Je n'exagère pas. Ces témoignages ont été recueillis soit dans les coins les plus reculés de la Tripolitaine, au fond des villages tapis et perdus dans des ravins solitaires, soit dans des bourgades plus grandes du Djebel. Partout, des antres obscurs des misérables montent des murmures de reconnaissance envers le gouvernement qui a su diriger avec patience, avec honnêteté une colonie dont la superficie est presque le double de celle de la France.

Le lendemain de l'audience, les autorités viennent

rendre la visite que je leur avais faite, car nous sommes là dans un centre civilisé, où l'on suit l'étiquette avec une scrupuleuse rigidité. Je vis s'avancer, précédés d'un officier turc, tous les fonctionnaires avec le mouteçarref en avant, marchant noblement drapé dans sa grande robe noire. J'installai mes hôtes tant bien que mal autour de la table primitive, sous l'olivier. Nos burnous sur des caisses, les transformèrent en fauteuils. La réception réussit, mais hélas ! la journée qui avait si bien commencé se termina par un véritable désastre, dont la soudaineté ne nous permit pas d'en conjurer les effets.

Les autorités s'étaient à peine retirées qu'un vent violent se leva. Réfugié dans ma tente, cramponné aux piquets qui menacent d'être brisés par la force des éléments, j'appelle Madouk à mon aide. Un formidable ouragan s'est déchaîné en quelques instants. Un nuage crève, une trombe s'abat sur nous, le vent redouble de violence. Quoique au milieu du jour, l'obscurité se fait presque complète. Mais les éclairs qui s'entre-croisent au-dessus de nos têtes illuminent la scène grandiose. Le grondement du tonnerre fait, à chaque instant, trembler le sol. Un torrent de boue descend dans le ravin. Sous la tente, l'eau monte, j'en ai bientôt jusqu'aux genoux. Il faut fuir en abandonnant tout. C'est à grand'peine que Madouk me tire de dessous la tente, qui s'abat dans l'eau. A quelque distance de moi, j'aperçois une toile blanche secouée de spasmes au milieu d'une boue infecte ; ce sont mes compagnons, dont la tente s'est abattue sur eux. Nos soldats, nos Berbères, à grands cris s'efforcent de les dégager de cette position périlleuse, où ils étouffent. Soudain, un fracas

épouvantable retentit à côté de nous, suivi d'un cra-
quement horrible. La foudre vient de tomber sur
un olivier énorme situé à cinquante mètres à peine
du campement. Cet arbre gît fracassé sur le sol.
Nous escaladons la pente du ravin pour atteindre la
prison située en haut. Nous y arrivons dans un état
lamentable. Trempés, les habits en lambeaux, nous
sommes recueillis par l'aimable Mouri Effendi, qui
fait tout son possible pour nous porter secours. Il
nous donne ses propres vêtements, déménage son
bureau de gendarmerie pour nous en faire une
chambre convenable, envoie ses soldats essayer de
sauver le matériel de notre campement.

Lorsque la bourrasque est terminée, nous retournons voir les effets de l'ouragan. Le spectacle est
navrant. Le fond du ravin où, quelques instants
auparavant, s'élevaient nos tentes, n'est plus qu'un
lac de boue noire au milieu duquel flottent les toiles,
restes des tentes, un chapeau, du linge, tandis que
tous nos bagages sont enfouis sous une couche
épaisse d'immondices. C'est un vrai désastre, nos
habits mêmes sont perdus, nous n'avons plus rien.
Près de là, seuls nos chameaux paraissent heureux,
ils se régalent avec satisfaction des feuilles de l'olivier abattu par la foudre. Ces braves bêtes ne paraissent pas avoir souffert de la tempête.

Il nous faut plusieurs journées pour recueillir nos
bagages dispersés. Cette recherche donne beaucoup
de peine, car les objets sont enfouis sous le limon.
Le gouverneur met à ce sauvetage tous ses soldats.
Il fait son possible pour venir à notre aide. Mais la
violence du vent avait été si forte que beaucoup
d'objets avaient été emportés. Les piquets des tentes

furent retrouvés à plusieurs centaines de mètres du campement.

Nous logeons le reste de notre séjour à Yeffren au bureau de la prison, que Mouri Effendi avait transformé en une chambre convenable. La prison est située au sommet d'une colline dominant la ville; c'est l'ancien ksar berbère à moitié démoli. Je voyais avec pitié à travers les grilles des centaines de malheureux entassés dans une cour, trop étroite pour les contenir. Demi-nus, avec leurs regards de fous, ces prisonniers m'observaient avec effarement. Ils avaient été incarcérés à la suite de vols ou d'assassinats. C'est poussés par la faim et la misère qu'ils avaient accompli les mauvais coups qui devaient les faire enfermer. Ramid Effendi, officier de gendarmerie, m'affirma que, chaque jour, des malheureux viennent s'accuser de crimes imaginaires, dans le but de se faire incarcérer et d'être à l'abri de la faim. Les prisonniers sont du reste bien traités dans la prison. Les rations sont suffisantes. La difficulté est surtout de les en faire sortir, car ils passent là un temps agréable, pendant lequel ils oublient les tortures de la misère.

J'ai déjà dit que c'était la sécheresse persistante de cinq années qui était cause de la misère dans laquelle étaient tombés les habitants. Une véritable famine régnait dans le pays. Ibrahim Pacha avait fait tous ses efforts pour conjurer l'effroyable misère qui s'était abattue sur tant de malheureux. A Yeffren je pus constater *de visu* cet effort humanitaire du gouverneur pour venir en aide aux miséreux. Des fenêtres de la prison, j'apercevais chaque jour un spectacle émotionnant et qui rappelle les plus hideuses descriptions de la famine dans l'Inde. Des milliers de Berbères, se tenant à peine debout, vêtus de hardes infectes, laissant voir des membres amaigris, se pressaient devant notre demeure. Il y avait parmi ces squelettes vivants toutes les races possibles : des Arabes, des Berbères, des nègres. Toute cette population se rassemblait à l'heure de midi, les uns s'appuyaient sur un bâton d'autres se traînaient sur les genoux. De petits enfants cherchaient à se faufiler parmi les groupes pour s'approcher. Ce peuple offrait un navrant spectacle : il criait, braillait sa faim et sa misère, implorant les secours, la miséricorde.

Mais le silence se fait à l'apparition des commissaires de police Mouri et Ramid Effendi. Tous ces yeux brillants de fièvre se fixent sur les deux officiers. L'un tient une grande liste sur laquelle sont inscrits les noms des indigents. D'une voix ferme il les appelle les uns à la suite des autres. C'est alors une procession ininterrompue de misérables qui s'avancent dans l'ordre le plus parfait, apportant chacun une vieille marmite ou une poterie brisée qu'on remplit d'une grosse portion de riz ou de viande. Chaque jour ce sont des centaines qui passent ainsi à l'appel et qui reçoivent de l'autorité la subsistance et la vie. C'est un spectacle inoubliable de voir cette distribution de vivres, ces rations emportées avec hâte par tous ces pauvres hères qui vont s'accroupir dans un coin et avalent rapidement leur nourriture. Ceci ne se passe pas seulement à Yeffren, mais dans toutes les villes de la Tripolitaine. C'est par milliers que, chaque jour dans la colonie, des misérables sont sauvés d'une mort

atroce. Ces secours sont l'œuvre d'Ibrahim Pacha;
C'est lui qui a organisé ces distributions journalières. De la foule il semble s'exhaler un effluve de
reconnaissance et de louanges vers cet homme qui
est peut-être l'un des plus grands bienfaiteurs de
notre époque.

Mais l'aumône n'est pas seulement distribuée par
le gouvernement. En dehors des secours officiels,
les fonctionnaires ont presque tous chez eux plusieurs misérables qu'ils entretiennent. Si l'on pense
à la paie modique que reçoivent ces employés on ne
peut qu'admirer le partage qu'ils font de leurs biens
avec de plus pauvres qu'eux; ils ont du bonheur à
donner. Leurs aumônes dépassent de beaucoup la
proportion indiquée par le Coran. Mais chez le mu-
sulman donner est naturel.

Un jour, j'errais parmi les groupes qui station-
naient devant la prison lorsque je rencontrai un
pauvre petit négrillon accroupi comme une bête
traquée dans l'anfractuosité d'un mur en ruine. Il
venait de manger sa ration et dormait. Sa figure intelligente me frappa. Je le réveillai. Je le question-
nai et lui demandai ce qu'il faisait. Son histoire
était triste. Son maître, un Arabe, était mort et, depuis ce jour, le négrillon était sans demeure, errant,
vivant de mendicité et d'aumônes. Je lui proposai de
me suivre, ce qu'il accepta aussitôt. Par la suite,
je me félicitai de cette décision. Mofeṭa, c'était son
nom, me fut un domestique admirable de dévoue-
ment pendant le reste de mon voyage. Il me servait
avec fidélité, comme un vrai chien dévoué. Même,
arrivé à Tripoli, il ne voulait plus me quitter; je ne
pouvais obtenir de lui qu'une phrase: « Je veux res-

er avec toi. » Je laissai Mofeta au Consul d'Autriche, qui avait bien voulu s'en charger provisoirement.

La prison domine au sud le ksar Yeffren, situé quelques dizaines de mètres au-dessous, au bord de la falaise, défendant l'accès de l'oued Besas. Le ksar Yeffren est une des plus grandes forteresses de l'intérieur. Devant le bâtiment, une grande place spacieuse et vaste, sert de place d'armes ; tous les jours les recrues berbères y font l'exercice. Par petits groupes on enseigne aux soldats les mouvements. Il est divertissant de voir la maladresse de ces recrues venant du fond du désert. Elles manient gauchement leurs fusils. Mais malgré tout c'est avec persévérance et passion qu'elles apprennent l'art de la guerre. J'ai vu quelques mouvements d'ensemble admirablement exécutés pour des soldats qui depuis si peu de temps étaient sous les drapeaux. Chaque groupe est commandé par un sous-officier, et de temps en temps le colonel qui surveille l'instruction, en se promenant de long en large sur la terrasse du fort, s'approche et fait recommencer les mouvements incompris.

La tenue des officiers et des soldats est impeccable. Ils sont tous habillés de superbes costumes neufs, gris. Ce sont des troupes tout à fait modernes.

Ce qui ressort de l'esprit qui anime les troupes militaires, c'est l'amitié vraiment complète qui unit le Turc au Berbère, l'officier au soldat. Ils forment une masse compacte, unie dans un même but, la défense de l'Islam. C'est une force très grande que celle qui est puisée dans la sincérité d'aspirations communes. De tels hommes sont capables de beaucoup d'abnégation et de sacrifices.

Le vendredi est jour de repos chez les musulmans.
Les officiers ont l'habitude de préparer des réjouissances pour les soldats. Il règne, dans les jeux, la
plus cordiale entente. J'entendais de loin, parmi
les oliviers, les cris joyeux de tous ces grands enfants
qui s'amusaient à cœur-joie.

La position militaire de Yeffren est capitale au
point de vue stratégique. Non loin de Tripoli la citadelle commande l'accès des hauts plateaux fertiles
du Djebel. Il serait difficile sinon impossible à une
armée de passer sous ses murs sans être écrasée,
car le fort domine l'oued Besas de plus de quatre
cents mètres. Du reste les officiers ottomans ont
bien compris qu'en cas de guerre, ils ne pouvaient
conserver Tripoli. J'appris à Yeffren que si l'escadre
italienne apparaissait, car à ce moment l'Italie cherchait un prétexte pour commencer une guerre dé-
cidée et préparée depuis longtemps, les troupes de la
capitale se retireraient dans le Djebel, dans ces forteresses, en dehors des obus, et séparées de la côte par
une centaine de kilomètres infranchissables sans
moyens spéciaux. Cette idée était donc dans le plan
militaire turc : ne pas s'opposer à un débarquement,
et ce procédé était très habile à deux points de vue.
D'abord parce que les troupes ottomanes, en se dé-
couvrant sous les canons de l'escadre, étaient certaines de se faire hacher sans nécessité. En second
lieu, un autre avantage de laisser occuper Tripoli
qu'il était du reste impossible de conserver, était
de faire croire aux adversaires à un succès facile
qui provoquerait un enthousiasme irréfléchi mais qui
serait suivi, dans la métropole, d'une dépression morale d'autant plus profonde que l'emballement aurait

été plus grand. Cette dépression provoquée par la stagnation des troupes à Tripoli, qui ne pourront pas franchir le désert avant longtemps, sera peut-être efficace dans une guerre acharnée. Ces idées ont été confirmées par les événements récents. C'était bien là la seule tactique raisonnable à prendre de se retrancher dans la grande forteresse naturelle qui barre et protège l'Hinterland de la Tripolitaine, à 8o kilomètres à peine de sa capitale. Or, tant que le Djebel ne sera pas occupé par l'armée ennemie, il sera le foyer de la résistance, des centaines de mille hommes pourront se rassembler là, venant des endroits les plus éloignés de la Tripolitaine et de l'Islam. Ils organiseront contre l'ennemi cette guerre d'escarmouches et de guerillas si terrible par la violence et l'imprévu de ses coups.

J'avais une lettre de recommandation pour le moudir de la Régie des Tabacs, de Yeffren, Rahrheb Effendi, brave Turc qui me fit l'honneur de m'inviter à dîner. J'acceptai avec plaisir. Le jour fixé ñous sommes plusieurs convives réunis dans une petite salle. En attendant le repas, nous fumons des quantités de cigarettes. Enfin on apporte, au milieu de nous, un vaste récipient dans lequel, nagent dans une sauce épaisse, des morceaux de viande et une purée curieuse. Rahrheb Effendi m'engage à me servir, je cherche en vain des yeux un instrument pour m'emparer des mets. Très embarrassé, je ne sais comment faire, car c'est à moi, l'invité, de commencer. Bref, je prends mon courage et je plonge mes doigts dans la sauce brûlante. J'en retire un morceau de viande. Les autres invités font de même. Nous mangeons rapidement, sans causer. Après ce pre-

mier plat, un autre suit, j'en compte quinze en
moins de quinze minutes. Il faut manger sans arrêt,
car chaque fois que je fais signe d'en avoir assez,
mon hôte paraît désolé. Je n'en puis plus lorsqu'on
apporte le dessert, des gâteaux dans de l'huile bouil-
lante. Il fallut encore passer par là.

Après le repas Rharheb Effendi me raconta l'histoire de la source de Yeffren qui a fait beaucoup parler
d'elle il y a quelques années à Tripoli. A Yeffren même,
il n'y a pas d'eau mais des sources abondantes sortent
du rocher près du village d'Aïn Raumia, dans l'oued
Besas, à quelques kilomètres de la ville. Les autorités
avaient décidé de capter l'eau de ces sources pour
l'amener à Yeffren. Il fallait pour ce travail important un ingénieur compétent. Les autorités demandèrent à un Tunisien de se charger des travaux, mais
chaque fois que les Turcs ont à faire avec l'étranger
des difficultés et des intrigues surgissent. Ainsi
dans ce cas, ce furent les Italiens et les Allemands
qui firent des remontrances aux Turcs pour ne pas
avoir choisi un ingénieur de leur nationalité, chacun vantant les capacités des hommes de science
de sa race. Il surgit un véritable conflit où chaque
clan mettait son amour-propre à protéger ses intérêts. Les Turcs, voyant la difficulté, s'adressèrent à
un entrepreneur de Constantinople. Le choix était
malheureux car le résultat fut désastreux, par suite
de l'incapacité et de la mauvaise foi de l'entrepreneur. Il commença par où il eût fallu terminer en
construisant d'abord le réservoir à Yeffren qui
devait recevoir l'eau de la source. Une canalisation
fut construite ensuite. Elle avait plusieurs kilomètres
de longueur. Les travaux durèrent deux ans pendant

lesquels il fallut constamment avancer de nouvelles
sommes d'argent parce qu'aux dires de l'ingénieur,
il lui manquait toujours quelque chose pour terminer.
Comme le budget établi était dépassé, ce furent
les braves commerçants de Yeffren qui donnèrent
l'argent espérant toujours n'être plus obligés d'aller
chercher l'eau au loin. Mais quelle ne fut pas leur
stupéfaction de voir que, la canalisation terminée,
l'eau n'avait pas assez de pression pour atteindre le
superbe réservoir placé à Yeffren. Elle s'arrêtait en
contre-bas de la ville. L'ingénieur ne se démonta
pas pour si peu, et sollicita de nouveaux fonds pour
mettre un appareil mystérieux qui devait produire
les plus beaux effets. Mais un beau jour, argent et
ingénieur disparurent. On n'en entendit plus parler.
Ce travail avait coûté plus de cinquante mille francs,
dépensés en pure perte. Les habitants durent faire
construire un second réservoir à l'endroit où l'eau
arrivait, mais ce point est assez éloigné de la ville.
Il va sans dire que cette aventure fit beaucoup parler
les étrangers de Tripoli. En un louable ensemble,
ils déclarèrent que cet insuccès était la punition mé-
ritée pour n'avoir pas choisi les ingénieurs qu'ils
avaient proposés. Mais les braves Turcs de Yeffren
ne veulent plus entendre parler de leur source,
elle leur a déjà coûté trop cher.

CHAPITRE XI

LE DJEBEL GHARIAN ET RETOUR A TRIPOLI

La fertilité des hauts plateaux. — Ruines romaines. — Souadan. — Moustiques et fièvres. — Kikela. — Descente dans l'oued. — Troupeaux. — Campements de nomades. — Bains. — Le scorpion. — Le marabout. — Le Djebel Monterous et le Djebel Tracet. — Formations éruptives. — Arrivée au ksar Gharian. — Les maisons troglodytes. — Le café arabe. — Bagarre. — La structure générale de la Tripolitaine. — Les grands effondrements. — Les jardins. — Les vieilles femmes. — Le contrôleur forestier. — Borylane. — En route vers Tripoli. — Les champs d'orge. — Asysie. — La palmeraie de Sanyt Beniadem. — Caravanes d'alfa. — Dernier campement. — Dans les dunes. — Influence de la mer sur l'atmosphère. — La mer en vue !

Après six jours passés dans la capitale du Djebel, nous quittons Yeffren pour nous acheminer à travers les hauts plateaux en suivant une piste bien tracée au milieu des champs d'orge, de blé et d'alfa, vers Gharian, la forteresse orientale, qui dresse à 8o kilomètres au sud de Tripoli ses tourelles sombres au haut de la falaise. En sortant de Yeffren, le paysage est riant. De petites collines s'étendent à perte de vue, couvertes en partie d'oliviers. Il semble que l'on chemine parmi nos champs du Midi. Partout dans les jardins, l'activité règne, des laboureurs dans les champs retournent le sol avec

leurs instruments primitifs. La terre est ici fertile
et si au lieu seulement d'en entailler une pellicule
peu épaisse, le laboureur se donnait plus de peine
et si l'irrigation était mieux aménagée, on pourrait
retirer beaucoup plus de ces terres des hauts plateaux. Le coup d'œil que l'on a sur le pays révèle
bien une richesse cachée qu'avec quelques efforts
l'on pourra mettre en évidence lorsque les moyens
de culture, nos machines d'Europe, auront pénétré
jusqu'ici. Il ne sera pas difficile de multiplier les
points d'eau en forant de nombreux puits. Car malgré la sécheresse il y a de l'eau, la source de Raumia en est une preuve évidente. Il est vrai que les
Berbères ont déjà fouillé tout le pays. La recherche
des sources a été poussée par eux d'une façon méthodique et persévérante, mais il ne semble pas
que, malgré les puits nombreux forés, les résultats
aient été décisifs. Beaucoup n'ont pas rencontré de
nappes d'eau mais il est bon de remarquer aussi que
la position de ces puits est trop souvent mauvaise.
C'est par une étude géologique minutieuse et précise
qui devra tenir compte des indications données par
la science actuelle des recherches hydrologiques
que l'on pourra arriver à donner un renouveau de
vie à la végétation encore trop clairsemée des hauts
plateaux.

Nous passons à côté de nombreux villages bien
construits qui occupent au milieu des oliviers des
sites délicieux. Monsersan, sur notre droite, couvre
tout le sommet d'une colline entourée d'oliviers.
A gauche, au bord d'un ravin profond, Gelat domine la plaine. Peu après, au haut d'une colline,
une tour carrée attire l'attention. C'est un monu-

ment romain, dont la partie supérieure est à moitié écroulée. A quelques centaines de mètres, sur un autre mamelon, un ancien fort en ruine. Parmi les pierres qui jonchent le sol, on voit de belles fresques provenant des frises d'un bâtiment disparu, dont il ne reste plus que la base, grand mur rectangulaire.

Vers midi, nous atteignons un ravin encaissé, étroit, dans lequel nous descendons. Près du fond, le village de Souadan étage ses maisons au bord d'une sorte de marécage. Nous campons à côté. Nous le regrettons du reste bientôt car cet endroit pittoresque est rempli de moustiques qui nous piquent sans pitié. Des Berbères grelottant de fièvre viennent me demander un médicament. Je passe une partie de la journée à leur faire avaler de la quinine. C'est le seul endroit, dans tout mon voyage, où j'ai constaté l'état sanitaire défectueux des habitants, mais cela provient sans doute de la position défavorable du village à côté de cette eau croupissante au fond d'un ravin. Les moustiques pullulent ici, chassés par les vents fréquents qui soufflent sur les hauts plateaux; ils se sont réfugiés dans ce trou, au grand détriment de la santé des habitants du Souadan.

Après Souadan, la route remonte sur les hauts plateaux jusqu'au ksar Kikela qui domine un oued large, s'enfonçant dans les plateaux et nous séparant du Djebel Ghariana. Plusieurs bourgades dépendent de Kikela qui fait partie au point de vue administratif du cercle de Yeffren. Il y avait anciennement une petite garnison en ce point, mais actuellement elle est réduite. La forteresse de Ki-

kela commande l'entrée de cet oued large et profond
qui sépare le Djebel Yeffren du Djebel Gh'ariana et
est la route naturelle de Tripoli au Fezzan.

C'est par le plus pittoresque des chemins suspendus qui, creusé dans le roc, domine un précipice
profond, que notre caravane s'abaisse sur les flancs
de l'oued. Il nous faut plusieurs heures pour arriver
au niveau de la plaine, car les chameaux lourdement
chargés, fatigués par des mois de marches, avancent
avec précaution sur les dalles polies du chemin.

Un grand nombre de ravins convergent dans
l'oued. Les roches sont entassées pêle-mêle dans un
désordre affreux. Dans le fond, nous cheminons
au fond de ravins profonds ; au haut d'une falaise des
nomades berbères nous interpellent car nous cueil-
lons avec sans-gêne les figues de leurs jardins ;
nos zaptiés et nos chameliers répondent de leurs
voix criardes. La dispute finit par un échange de
quolibets amusants. Plus loin, nous croisons une
caravane se dirigeant du côté de Yeffren, c'est un
riche marchand arabe qui transporte ses femmes et
ses marchandises.

Des troupeaux de moutons et de chèvres animent
le paysage. Les gardiens ont construit de petites
huttes pour se protéger du soleil. Le pays est peuplé, quelle différence avec les plaines incultes du
sud et les déserts monotones !

C'est dans une belle palmeraie, au fond de la
grande vallée que nous campons. Nous nous plongeons
avec délice dans l'eau d'une rivière qui court, claire et
limpide, sur de grandes dalles calcaires. Les tourbil-
lons ont creusé dans la roche des cuvettes profondes
de plusieurs mètres. Ce sont d'idéales baignoires.

Malheureusement, au sortir de l'eau, nous avons le corps couvert de sangsues ; il faut beaucoup de stoïcisme et de patience pour les arracher une à une.

La nuit passée dans l'oasis fut troublée par un incident qui aurait pu avoir des suites graves. L'un de mes compagnons qui dormait sous un palmier, simplement enroulé dans son burnous fut réveillé subitement par la sensation d'un animal lui passant sur le corps. Instinctivement, il fit un mouvement pour le chasser mais il sentit une morsure douloureuse à l'épaule. Grand émoi dans le camp. On allume des bougies et on aperçoit un gros scorpion noir qui se sauve. Quelques coups de bâton ont vite anéanti l'animal. Quant au blessé, une injection avec la trousse Michel Legros le met hors de danger. Mais peu d'entre nous se rendorment car il nous semble constamment entendre le bruissement de ces horribles bêtes courant parmi les feuilles desséchées des palmiers. Mes compagnons passent le reste de la nuit perchés sur des caisses, n'osant plus s'étendre sur le sol.

Le lendemain, à l'aube, nous reprenons notre route vers l'Est. Nous nous approchons du Djebel Ghariana qui nous domine de toute la hauteur de ses falaises aux couleurs bigarrées.

Après avoir quitté la rivière, nous cheminons parmi les broussailles. Un grand oiseau blanc nous regarde curieusement. Il s'envole. C'est un marabout. Il se pose un peu plus loin, j'essaie de le poursuivre avec mon kodak, mais c'est en vain car au moment où je vais l'atteindre, il reprend son vol lourd et disgracieux. Il disparaît finalement, retournant au bord de l'eau.

Nous nous approchons toujours plus du Djebel. A notre droite un village nous domine, c'est Petit Rapta ; plus loin, nous passons au milieu de l'oasis de Grand Rapta. Nous ne nous arrêtons pas et continuons dans la direction d'une montagne isolée, conique qui, séparée des monts Ghariana par un vaste col, élève sa masse sombre à proximité des roches blanches des hauts plateaux. C'est le Djebel Monterous au pied duquel nous campons dans un village primitif et misérable se composant de simples trous creusés dans le sol au milieu des champs cultivés. Nous sommes près de Gharian situé au haut de la falaise et au fond d'une sorte de vaste golfe déterminé par la rentrée du bord du plateau. La forme de cette cuvette est dessinée par deux promontoires calcaires des hauts plateaux qui s'avancent vers le Nord. Ces deux promontoires sont reliés par une chaîne de montagnes orientée Ouest-Est, dont les deux sommets principaux : le pic de Monterous et le pic Tekout ou Tracet atteignent près de 900 mètres d'altitude. Cette chaîne n'est point formée par une série de volcans comme Overweg l'a anciennement affirmé. Les roches qui la constituent sont d'origine éruptive et d'époque tertiaire ; leur couleur vert sombre tranche sur les assises claires, gypseuses et calcaires. Les couches des hauts plateaux ont été puissamment modifiées par l'intrusion de ce magmas qui les ont colorées à leur contact des plus vives couleurs. On y voit du rouge, du bleu, du jaune. Les terrains sédimentaires ne sont plus ici presque horizontaux comme ils l'étaient ailleurs, mais ils se relèvent contre ce massif étranger.

Cet amas éruptif forme une sorte de lentille gigan-

tesque de plusieurs kilomètres de longueur, qui
s'enfonce vers l'Est dans le promontoire oriental du
golfe de Gharian.

Tandis que la caravane fait un long détour
pour suivre la route bien tracée, je traverse un
terrain mouvementé pour, après l'escalade des rochers abrupts, atteindre le ksar Gharian. La forteresse domine la plaine, mais elle est moins imposante que celle de Yeffren; c'est un ancien bâtiment
sombre aux formes carrées et massives. Sitôt arrivé,
j'allai rendre visite au kaïmakan, un Arabe, ancien
notable de Tripoli. Je suis reçu, comme dans les autres centres, avec la même cordialité et le même
souci de me rendre service. Tour à tour le commandant du fort Mohammed Effendi, le capitaine
du 126° d'infanterie Mohammed Etaher, le directeur des postes et télégraphes Kherrdin Effendi
viennent me rendre visite. Nous avions établi notre
camp à quelques centaines de mètres du ksar car
je ne voulus pas profiter de l'offre obligeante du
chef de poste qui désirait m'offrir sa maison.
Cela aurait été pour lui un dérangement bien inutile.

Gharian est une ville de troglodytes. Toutes les
maisons à l'exception d'un café arabe, de la Régie
ottomane et du ksar sont construites sous terre.
Elles sont ici beaucoup plus grandes qu'à Nalout et
plusieurs sont creusées à plus de vingt mètres sous
le sol. Elles possèdent souvent deux ou trois étages
superposés. Conduit par Mohammed Etaher, Mohammed Effendi et Ahmed Effendi directeur de la
Régie, je visitai, grâce, à leur obligeance, ces habitations creusées entièrement dans un sol facile à

travailler. Les indigènes ont parfois essayé d'en-
joliver leurs demeures par des ornementations
moulées dans la roche vive des parois.

En sortant de ces souterrains, mes compagnons
me conduisent au bar arabe qui, sur une petite place,
occupe la moitié d'une maison dont l'autre moitié
est prise par les bureaux de la Régie ottomane.
Nous arrivons au moment où le tenancier de l'établissement apostrophe vigoureusement un Berbère
qui, ayant pris des consommations toute la journée,
a perdu aux cartes son petit pécule. Un corps à
corps s'engage. Les assistants prennent part pour
l'un ou l'autre des combattants. La mêlée devient
générale et ne s'arrête que lorsque les combattants
gisent à terre, incapables de continuer la lutte. Ils
s'invectivent encore de toute la force de leurs poumons puissants. C'est avec peine qu'au milieu de
tout ce branle-bas nous pouvons nous faire servir,
mais enfin le capitaine Etaher réussit à ramener la
tranquillité en obligeant le payeur récalcitrant à
abandonner son burnous en guise d'indemnité, au
tenancier du bar.

Mohammed Etaher et Ahmed Effendi me donnent
des renseignements sur le pays. Gharian est un
grand village de plusieurs milliers d'habitants si
l'on compte tous ceux qui vivent dans les plantations non loin du chef-lieu. Le plateau est vallonné.
Les sources et les puits sont nombreux. Le sol
est fertile et argileux. Il produit en abondance du
blé, des olives, des dattes, de l'orge, de l'alfa et du
safran ; en outre des petits raisins et des abricots
ainsi que des figues et des pastèques.

Ce plateau si fertile fait partie de la région élevée

du Djebel Nefousa et ne peut pas s'en séparer géographiquement. C'est bien improprement que les géographes ont distingué les Djebel Yeffren des Djebel Gharian ; il n'y a pas de différence absolue entre ces massifs, ils font partie d'un même plateau qui se continue de la frontière tunisienne à Gharian, coupé de temps en temps par des échancrures plus ou moins profondes, mais qui ne parviennent pas à changer l'aspect uniforme du pays. Ces ravins n'indiquent pas des modifications dans la structure du sol. Formés par l'érosion, ils ne séparent pas des massifs différents, mais sont simplement des coupures taillées dans un bloc unique. Et même par extension de cet aperçu général sur la configuration du pays on peut affirmer que c'est le même plateau qui, se poursuivant vers l'Est, forme les hautes terres de Tarounah et atteint la grande Syrte à Homsk. Là, les hauts plateaux disparaissent sous la mer par suite d'un effondrement. Plus à l'Est encore, le même plateau réapparaît de l'autre côté du golfe et donne naissance aux hautes terres de Barka, à l'ancienne Cyrénaïque. Mais là les conditions sont différentes, les plateaux arrivent au bord même de la mer. Il n'y a pas, comme plus à l'Ouest, une vaste plaine séparant la mer du véritable bord méditerranéen formé par la falaise du Djebel Nefousa.

L'aspect actuel de la Tripolitaine est dû à deux effondrements, l'un comprenant une aire allongée Est-Ouest au Nord du Djebel Nefousa jusqu'à la Cyrénaïque. Le second effondrement a séparé la Cyrénaïque du Djebel Nefousa et son orientation est Nord-Sud. Cette partie, envahie par les eaux, a donné a donné naissance au golfe de la Grande Syrte. Ce second effóndrement, cette surface se continue au Sud de la grande Syrte, car toute la falaise qui, à partir de Gharian se poursuit par Misda et au delà, n'est autre qu'un mur de faille raviné regardant l'Est.

Ces traits généraux de la géologie de la Tripolitaine, que je ne puis ici qu'esquisser brièvement, ont déterminé l'aspect du pays sous sa forme actuelle et si l'on y ajoute les affaissements curieux que j'ai signalés à propos des oueds à pentes anormales on aura une idée très suggestive dans son ensemble des mouvements qui ont donné à cette colonie son aspect et son relief.

Si je viens de m'étendre avec détails sur les hauts plateaux c'est que nous allons les quitter pour retourner directement à Tripoli en suivant la route assez bien tracée qui joint Gharian à la capitale. Le 24 juillet nous quittons Gharian et tandis que la caravane fait un long détour par le Sud pour se rendre à Borylane, en évitant les ravins profonds du golfe de Gharian, je pars avec Mofeta et Mustapha directement par la plaine. Sous le ksar, en suivant une grande vallée, l'oued Roumania, on atteint une plaine au pied du mont Tekout. Les jardins y sont superbes. En parcourant les petits vallons, on se croirait presque dans quelque paysage de nos montagnes, tant ici le sol est contourné et bosselé.

Dans les jardins de la plaine nous rencontrons de vieilles femmes. Nous causons mais elles paraissent inquiètes, soupçonneuses. Je crois que ce sentiment provient de la présence d'un chrétien. Mais ce n'est pas cela, car après s'être bien assurées que je ne suis pas de nationalité italienne, elles sont plus

confiantes. Cette aversion de l'Italien est générale
chez les Berbères.

Des jardins nous remontons sur les flancs du Pic
Tekout pour atteindre de nouveau les hauts plateaux et traverser le promontoire, derrière lequel se
trouve Borylane. Le plateau est couvert d'une épaisse
forêt d'oliviers. A midi nous cherchons un gîte pour
passer le milieu de la journée. Des maisons occupent une partie du plateau, nous nous approchons.
Mais, à peine descendu de cheval, un Arabe s'approche m'avisant que le contrôleur forestier de
Gharian est ici en tournée et m'invite à partager son
repas. J'accepte avec plaisir et c'est dans une grotte
vaste et spacieuse que je trouve, autour d'un énorme
couscous, les aimables fonctionnaires. Le repas est
vite pris. Ensuite, nous nous dirigeons rapidement
vers le bord de la falaise. Nous la descendons
pour la dernière fois. Au bas, parmi les dattiers
de Borylane, les tentes blanches de notre campement sont dressées. Borylane est un groupe d'oasis
situé dans les ravins à la base de la falaise.

Le pays en avant de la falaise n'est point plat et
uniforme comme c'est le cas plus à l'Ouest. D'énormes cônes de déjections recouvrent la plaine sur une
assez vaste largeur. Et c'est au milieu des pierres
et des roches éboulées, le long d'une faible pente,
que nous nous abaissons progressivement vers un
pays plus uni. La piste est bien marquée et suit la
ligne télégraphique.

Asysie, situé à 3o kilomètres de Borylane, est un
village dont les belles maisons neuves étincellent de
blancheur au milieu des champs d'orge qui couvrent
toute cette partie du pays. Mais la sécheresse a

fait beaucoup de mal et aux dires des habitants, une
grande partie de la récolte est perdue; nous passons en effet au milieu de champs abandonnés.
Jusqu'à Asysie des deux côtés de notre itinéraire,
s'élèvent des collines nombreuses. Ce sont des prolongations des hauts plateaux, détachées et isolées
par l'érosion. Plus loin, les dernières hauteurs disparaissent. C'est la plaine dans toute sa morne
étendue. La végétation s'est localisée dans des palmeraies fermées, entourées par des figuiers de
barbarie dont les longues épines forment une infranchissable muraille, derrière laquelle des femmes,
curieusement, nous regardent passer.

Dans la belle oasis de Sanyt-Beniadem nous
campons pour la dernière fois. Bien arrosée par un
puits qui déverse l'eau dans un grand réservoir,
elle est le dernier point cultivé que nous rencontrons
jusqu'à Tripoli. Nous trouvons là plusieurs caravanes, des marchands arabes qui se rendent avec
leurs chameaux lourdement chargés, soit dans les
villes du Djebel, soit dans les oasis du Fezzan. Sur
la piste, passent des troupes de chameaux nombreuses avec de gros ballots d'alfa. La procession
est ininterrompue. Elle dure toute l'après-midi et une
partie de la nuit.

Sanyt-Beniadem est séparé de Tripoli par une
région couverte de sable, d'une largeur de vingt kilomètres, désert en miniature. De temps en temps
des fondouks bordent la route, habitations isolées
qui servent souvent de refuges aux caravanes. Nous
jouissons de la brise bienfaisante de la mer, qui nous
arrive jusque-là par bouffées rafraîchissantes et
soulage nos poumons desséchés par l'air suffocant

et brûlant des territoires du Sud. L'influence de la mer se fait sentir assez loin dans l'intérieur, jusqu'à environ cinquante kilomètres de la côte. Mais au-delà, l'air desséché et surchauffé est pénible à supporter, quoique sain. Il est vrai que dans le Djebel l'altitude vient en quelque sorte modifier cette température, mais d'une façon peu étendue, seulement près du bord de la falaise.

Les sables qui entourent Tripoli et qui envahissent l'oasis du côté ouest ne sont pas apportés de loin par les vents, comme on pourrait le supposer. Ils sont produits par la désagrégation de grès quartzeux, qui forment, en arrière de Tripoli, une sorte de dôme surbaissé. Par les alternances de chaud et de froid, les grains de quartz sont facilement détachés de la robe effritée. Les vents violents qui soufflent régulièrement sur cette partie de la côte accumulent les sables en dunes, qui s'étendent au sud des oasis, de Tripoli, non loin de la côte.

Enfin, apparaît la mer, dont le bleu pâle se confond à l'horizon avec la teinte plus foncée du ciel. Nos yeux ne peuvent se lasser de contempler cette ligne immense qui s'étend continue devant nous. Après les tortures de la soif subies dans les déserts, la vue de l'océan exerce une fascination que tous les voyageurs revenant du désert ont éprouvée. Les privations sont oubliées, évanouies, comme un cauchemar se dissipe aux premiers rayons du jour. A droite, Tripoli apparaît entouré de ses oasis. Nous atteignons bientôt les palmiers, et à leur ombre délicieuse, sous l'haleine rafraîchissante de la brise du large nous cheminons vers la ville. Quelques instants plus tard, par la large rue qui contourne au sud les remparts, nous débouchons sur la place du marché, animée de toute la foule bigarrée et grouillante qui l'emplit habituellement.

Je passai encore une dizaine de jours à Tripoli. Le 8 août, je m'embarquai sur le *Félix-Touache* qui devait, par Tunis, me ramener en France.

CONCLUSIONS

Généralités sur le pays. — Le commerce. — L'exportation. — L'importation. — La population. — Cultures. — Les puits. — Recherche
des sources. — Administration turque du vilayet. — Le soulagement
de la misère. — L'Italie cherche un incident. — Sentiment anti-italien
des Berbères. — Son origine. — La pénétration dans l'intérieur de
la Tripolitaine par les Italiens. — La Tripolitaine aurait-elle pu se
développer sous le joug turc? — Lourde tâche pour l'Italie si elle
occupe le pays. — Résistance des Turcs et des Berbères.

Mes observations prises au cours de mon voyage
dans l'intérieur de la Tripolitaine, des relations
intimes, soit avec les Turcs, les maîtres du pays,
soit avec les Berbères, la population autochtone, me
permettent d'exposer des aperçus généraux sur
des questions qui aujourd'hui sont d'une incontestable importance. L'Europe suit avec curiosité
les événements qui se déroulent depuis le début du
conflit italo-turc, et le mystère qui enveloppe la
Tripolitaine, pays peu connu par suite de son exploration difficile, est bien fait pour exciter l'intérêt
de la guerre actuelle.

On s'est parfois représenté la Tripolitaine comme
un pays riche, doué d'une merveilleuse fertilité,
possédant des ressources minérales inépuisables,
mais il est évident qu'il y a là beaucoup d'exagération. On a cru trouver dans l'ancienne fertilité de la
Cyrénaïque un thème à de vastes généralisations

s'appliquant au pays tout entier, et on a parfois
émis l'idée qu'il serait facile de faire revivre la splen-
deur antique du vilayet par des travaux modernes et
une sage administration. Je vais essayer de montrer
quel est l'état du pays aujourd'hui et ce qu'on doit
pouvoir espérer en tirer dans l'avenir.

J'ai déjà exposé ailleurs que la diminution du
trafic des caravanes avait porté un coup désastreux
au commerce de la Tripolitaine. La construction
des chemins de fer du Soudan, qui permettent aux
marchandises d'Europe de pénétrer au cœur de
l'Afrique par des voies rapides et économiques,
est la cause principale qui fera disparaître le transport transsaharien. Or c'est aux caravanes que la
Tripolitaine a dû l'importance de son commerce de
transit. Elle en tirait des profits. Le transit diminue
chaque jour.

Parmi les produits qu'exporte le pays, les cuirs,
les bœufs, les moutons entrent pour une bonne partie, tandis que le commerce de l'ivoire et des plumes
d'autruche diminue rapidement, car il est drainé par
le Soudan. L'alfa, avec laquelle on fabrique du papier, des tapis, des chaussures, chiffre pour beaucoup plus dans l'exportation. Ce sont des bateaux
anglais qui ont en quelque sorte pris le monopole
de cet article, et il y a presque toujours un bâtiment
de cette nation en rade de Tripoli chargeant les gros
ballots de ces graminées. A l'alfa vient s'ajouter le
safran, dirigé sur la Tunisie. On a essayé d'envoyer
en Europe des chevaux, mais ce commerce aurait été
interdit par les autorités, qui en craignaient la diminution en Tripolitaine. — Parmi les produits miné-
raux, il faut signaler le soufre, le natron et le sel.

La pêche dés éponges occupe encore plusieurs habitants, mais cette industrie est en décroissance, à cause de la profondeur trop grande où les plongeurs doivent aller. Sur la côte tunisienne les éponges sont plus faciles à recueillir, et concurrencent aujourd'hui celles des côtes tripolitaines.

Les produits qui donnent lieu à l'importation sont représentés par les denrées coloniales : le café, le sucre, le thé, les bougies, qui sont vendus dans la colonie ; puis viennent les tissus, la soie, la laine et le coton. La vente du tabac est un monopole réservé à la régie co-intéressée des tabacs ottomans. Sont importés aussi les objets manufacturés, les montres, la coutellerie, la quincaillerie.

Les juifs de Tripoli représentent la classe marchande riche. Ils envoient les caravanes dans l'intérieur du pays. La population italienne qui, comme à Tunis, s'est déversée dans le pays, est pauvre. Elle est représentée par des maçons, des entrepreneurs, des cordonniers, des commerçants, des pharmaciens.

Les cultures de la Tripolitaine dépendent uniquement de la répartition des sources. L'ancienne Cyrénaïque, qui n'est que la prolongation vers l'Est du Djebel Nefousa, occupe par sa position spéciale, entourée immédiatement par la mer, un avantage incontestable sur le reste du pays. Elle est aussi beaucoup plus fertile que la Tripolitaine proprement dite.

Dans les oasis de Tripoli poussent en abondance les dattiers, les oliviers, les abricotiers, les orangers, ainsi que les céréales et les pastèques. Sur les hauts plateaux du Djebel, les oliviers, les figuiers, le blé, le froment, l'orge, le millet, les cognassiers, l'alfa et le safran couvrent de grandes étendues dans une région fertile et bien cultivée. Dans les oasis viennent s'ajouter les raisins et les abricotiers. Le tabac croît un peu partout, mais sa culture en grand est interdite, chaque habitant ne peut en avoir que quelques pieds.

Sera-t-il possible de développer encore la culture ? Je le crois. Le gouvernement a déjà tenté des efforts dans le but de multiplier les points d'eau et, ces dernières années, on a essayé le forage de puits artésiens, soit en Cyrénaïque, soit près de Tripoli. Malheureusement souvent ces travaux furent confiés à des entrepreneurs incompétents, et les forages effectués là où un examen même rapide du terrain aurait montré l'inutilité de telles recherches. Il en est résulté des insuccès faciles à prévoir. Un forage ne rencontrait pas d'eau, on en faisait un autre à côté dans des conditions aussi mauvaises. Les Turcs payaient, et tout était bien. On comprend pourquoi le gouvernement fut souvent découragé à la suite d'essais aussi stériles en résultats malgré des dépenses considérables.

Mais il est hors de doute qu'on arrivera un jour à forer des puits artésiens d'où jaillira une eau abondante et féconde. Pour cela il faudra opérer avec méthode, commencer par étudier les terrains avant de se lancer dans des travaux coûteux, dont l'échec produit le découragement et une déplorable impression. On réussira, j'en ai la pleine conviction, à faire jaillir des sources, qui redonneront une vie nouvelle à ces plantes desséchées, à ces oasis à moitié brûlées par le soleil. La structure générale des terrains est

favorable à la concentration des eaux sous pression,
car en effet les strates sont inclinés uniformément sur
d'immenses distances. Ceci est l'une des conditions
propres pour la présence de nappes d'eau sous pression en profondeur. Dans l'extrême Sud l'eau n'est-elle
pas à la surface même du sol ? Au pied du Djebel les
rivières souterraines se révèlent à de longues traînées
vertes d'une végétation qui puise par sa base l'élément
nécessaire à toute vie. — Il semble, par conséquent,
bien qu'il doive exister à une certaine profondeur des
nappes immenses, puisque même parfois en surface
l'élément liquide existe et qu'il ne se déverse pas
dans la mer. Il est intéressant de remarquer à ce
propos que l'eau doit avoir tendance à s'éloigner du
rivage par suite de l'inclinaison générale des couches vers le Sud. Quoi qu'il en soit, des efforts considérables doivent être tentés pour la recherche, le
captage des sources et le forage des puits, les résultats favorables de ces travaux ne sont pas dou-
teux.

En ce qui concerne l'administration du vilayet
sous le régime ottoman, elle peut être comparée
sans désavantage à celle des autres colonies européennes d'Afrique. Le pays est divisé en cercles ayant
chacun à sa tête un administrateur. Le cercle lui-
même est divisé en sections avec des chefs de poste.
Toute l'administration est sous la haute direction
d'Ibrahim Pacha, maréchal d'empire, militaire éminent qui a organisé la défense intérieure du pays.
Mais il s'est surtout efforcé de combattre la famine,
due à une sécheresse persistante. Il a employé toute
son influence, tous ses moyens à soulager les Berbères. Son œuvre est magnifique, j'ai recueilli des

centaines de témoignages de reconnaissance. Et Ibrahim Pacha, lors de la dernière visite que je lui rendis
à Tripoli en août dernier, m'entretint longuement
de ses projets de distributions de vivres. Il venait
de recevoir de nouveaux subsides du gouvernement pour une répartition généreuse aux misérables, et tandis qu'il me parlait de ces choses, sa
noble figure s'éclairait par la vision de tout le bien
qui allait résulter de ses démarches. Il me montra
ces milliers de misérables qui seraient recueillis
dans des baraquements aux portes de la ville, nourris
grâce aux efforts qu'il avait tentés. Sa figure si grave
d'ordinaire, comme attristée par les souffrances
de tout un peuple, s'animait en me citant les
chiffres des secours qu'il allait être en mesure de
donner. Je sentis qu'il avait mis toute son âme
dans cette grande œuvre et qu'il la poursuivrait
avec toute la persévérance que donne l'absolue confiance dans l'accomplissement d'une tâche noble et
grande.

Mais les événements qui survinrent devaient
l'empêcher de terminer ce beau programme. Il
n'était de doute pour personne à Tripoli que le consulat italien cherchait à créer un incident. Toutes
les occasions étaient saisies pour amener des difficultés au Vali et rendre sa position intenable. J'en
donne un exemple. Tandis que j'étais dans la ville, un
croiseur turc revenant du couronnement du roi
Georges entre dans le port. Chaque consulat, se
conformant à l'étiquette, arbore le pavillon du pays
qu'il représente. Seul, le consul d'Italie refuse de
saluer et prétexte qu'il n'a pas été informé officiellement de l'arrivée du navire de guerre turc. Des inci-

dents analogues, futiles en apparence, se répétaient chaque jour. Ils avaient un but précis, nettement déterminé.

Au mois d'août, les difficultés augmentèrent à tel point que la Turquie, pour essayer d'éviter une guerre qu'elle sentait imminente, se décida, sous la pression de l'Italie, à rappeler Ibrahim Pacha à Constantinople. Ainsi, d'un jour à l'autre la Tripolitaine était privée du chef aimé et vénéré de toute une énorme population. Le moment était propice et, le 29 septembre l'Italie déclarait la guerre à la Turquie.

Il serait hors des cadres de cet ouvrage de suivre en détail les événements, mais je signalerai simplement les faits les moins connus.

Au début de la guerre les journaux annonçaient que *la Tripolitaine était depuis longtemps de cœur italienne ;* et il paraîtrait exact que l'Italie a cru trouver des alliés dans les Berbères. *Le correspondant du Temps* (1) dit lui-même, il y a quelques jours, que *les Italiens se trouvaient tout à coup en présence d'un nouvel ennemi qu'ils ne soupçonnaient pas, c'est-à-dire l'Arabe.*

Or, il paraît impossible que le gouvernement de Rome méconnût le sentiment anti italien répandu chez les populations berbères. Le gouvernement turc de Tripoli avait peine à réprimer les manifestations fréquentes des Berbères contre les commerçants italiens ou les représentants de cette nation. On a voulu suggérer que ces conflits journaliers étaient tramés par les Turcs eux-mêmes, mais il est bien évident que pareille idée ne peut être soutenue,

(1) *Le Temps* du 5 décembre 1911.

puisque la Turquie cherchait par tous les moyens à éviter la guerre.

Il est intéressant de rechercher d'où est né le sentiment anti italien avec lequel l'Italie doit compter en Tripolitaine. Il n'est pas dû à une question de religion, puisque les Français, les Allemands et les représentants des autres nations sont considérés d'une tout autre façon, mais il a son origine dans une question d'intérêts. Comme je l'ai dit plus haut, la population italienne de Tripoli est pauvre ; elle est composée d'émigrants qui viennent chercher à gagner leur vie, ils font concurrence aux marchands arabes qu'ils supplantent bientôt, d'où une sorte de jalousie qui se transforme en un sentiment antipathique. Cette aversion s'est propagée jusqu'au fond de la Tripolitaine.

On peut se rappeler qu'en Tunisie, où les Italiens sont très nombreux, la situation était et est encore la même. L'Italien n'a pas su en général se faire aimer de l'indigène comme le Français.

Par conséquent l'Italie doit compter dans la guerre actuelle sur une résistance désespérée des Berbères. Il est hors de doute qu'avec les forces navales puissantes qu'elle possède elle occupera facilement quelques oasis de la côte. La pénétration de l'intérieur sera beaucoup plus difficile. C'est à ce moment que commencera véritablement une guerre où il y aura un peu plus d'égalité entre les deux parties. Les Turcs se retrancheront sur les montagnes du Sud et recevront des renforts et des vivres de tout l'Islam. Une guerre d'escarmouches et de guerillas commencera qui pourra durer longtemps, car même si la Turquie était amenée à capi-

tuler, les Berbères ne se soumettront pas volon-
tiers au joug italièn. La conquête de l'intérieur par
l'Italie, qui ne possède la haute pratique des guerres
coloniales comme la France, sera longue et meur-
trière, car les populations indigènes fanatiques vont
se coaliser pour une résistance tenace et désespérée.

Une des questions qui a été souvent posée est de
savoir si la Tripolitaine aurait pu se développer
sous le joug des Turcs. On s'est parfois efforcé
de montrer que cela n'était pas possible. Évidem-
ment la situation était fort complexe à Tripoli. Immense colonie que les Turcs en cas de guerre ne
pouvaient que difficilement défendre, ils ont dû, forcés
par les circonstances, considérer la maxime *Hospes,
hostis* comme faisant en quelque sorte loi dans le
vilayet. Ce n'est du reste qu'à la suite d'incidents
regrettables que les Turcs interdirent le libre passage dans le vilayet. Mais si une garantie spéciale
avait pû être donnée à la Turquie, il est certain qu'elle
aurait fait tout son possible pour attirer sur cette
terre d'Afrique les entreprises étrangères. La Turquie craignait toujours qu'une société ou une entreprise venant d'Europe cachât quelques complots. Et
en ceci elle avait raison. Il ne faut donc pas repro-
cher à la Turquie les entraves qu'elle a semblé vouloir mettre au commerce étranger. Elle aurait voulu
développer le commerce mais elle ne l'a pas pu. Et
l'on est bien obligé de conclure que c'est l'Europe
elle-même qui a fermé la Tripolitaine, quelque para-
doxale que puisse paraître cette idée.

Si l'Italie s'empare de la Tripolitaine, ce qui ne
pourra se faire probablement que par une action
diplomatique, elle aura une lourde tâche. Elle devra

s'attacher à développer le commerce et l'industrie.
Le forage de puits permettra d'agrandir les oasis et
d'étendre les zones cultivables. Il faudra augmenter
la production du pays dans de grandes proportions.
Dans les montagnes les riches gisements miniers
pourront être exploités avec profits et les chemins
de fer seront faciles à établir dans un pays où le
terrain n'exigera que peu de travaux d'art pour la
pose des voies ferrées. Ce programme l'Italie devra
l'accomplir si elle occupe le pays. Mais il lui faudra
un effort colossal pour le mener à bien. Je rappelle
les quelques lignes suivantes dues à M. Gabriel
Charmes (1) et qui me paraissent aujourd'hui d'à
propos :

*Que les Italiens y réfléchissent ! la colonisation
est une œuvre de luxe à laquelle ne peuvent s'adon-
ner que les peuples qui ont une surabondance de richesses. Pour les autres elle ne saurait être qu'une
aventure, la plus folle, la plus dangereuse de
toutes.* Il est vrai que ces lignes datent de 1896.
Depuis lors l'Italie s'est fortifiée, a développé sa
richesse avec une honorable persévérance et par
conséquent les conditions ne sont plus les mêmes.
Mais il ne faut cependant pas s'illusionner, les dépenses devront être colossales pour arriver à un
résultat en Tripolitaine. Là où les Turcs adminis-
traient le pays avec peu, l'Italie devra dépenser dix
fois plus pour atteindre le même résultat.

Mais laissons là ces considérations qui ne peuvent
être que trop anticipées, car l'Italie n'occupe aujourd'hui que quelques dizaines de kilomètres carrés

(1) Gabriel Charmes, *la Tunisie et la Tripolitaine.* Paris, 1896,
p. 297-298.

d'un pays qui en a plus d'un million. Il ne s'agit pas
encore pour elle de développer le pays mais de le
soumettre.

Ce sera difficile, car les Turcs et les Berbères seront soutenus dans leur lutte par la noblesse et la
justice de leur cause. Ils recevront de tout l'Islam
des encouragements et des secours qui leur per-
mettront de résister longtemps, peut-être avec succès, à l'action de leurs ennemis.

APPENDICE

MÉMOIRES DU MARÉCHAL IBRAHIM PACHA, ANCIEN GOU-
VERNEUR, SUR SON ŒUVRE EN TRIPOLITAINE AVANT
LA GUERRE, 1910-1911.

Introduction de l'auteur. — Le maréchal Ibrahim Pacha. — Biographie. — Les mémoires. — La situation de la Tripolitaine à l'arrivée
du maréchal Ibrahim Pacha. — Le programme des réformes et les
difficultés avec l'Italie. — L'œuvre d'Ibrahim Pacha : 1° Lutte contre
la famine. — 2° La réforme du corps de police. — 3° L'éducation des
agents de police. — 4° La fondation d'une école d'agriculture. —
5° Le développement des voies de communication. — 6° La question
des sources et des puits. — 7° L'éclairage de Tripoli. — 8° Le développement de l'instruction. — 9° Les recherches minières en Tripolitaine.
— 10° Le développement de l'armée et du sentiment national. — Résumé.

Introduction de l'auteur.

J'ai décrit dans le cours de mon récit les institutions, les réformes, l'organisation du vilayet. J'ai
insisté souvent sur l'effort fait par le gouvernement
pour enrichir les habitants, pour les éduquer, pour
les développer. Partout des essais étaient tentés
pour diminuer la pauvreté des habitants, augmenter
le bien-être et la richesse du peuple.

La déclaration de guerre est venue interrompre le
travail commencé avec peine.

L'œuvre accomplie en Tripolitaine est due en
grande partie au maréchal Ibrahim Pacha, gouverneur du vilayet, dont j'ai déjà signalé les hautes
qualités.

L'œuvre commencée est inachevée, mais elle est
considérable. Elle a été inspirée par les sentiments
nobles et élevés d'un grand patriote qui avait une
haute idée de la mission qui lui était confiée.

Son Excellence Ibrahim Pacha a bien voulu me
rassembler des documents sur son activité en Tripolitaine. Ces documents sont précieux, ils montrent
l'effort constant vers un but déterminé, ils mettent
en lumière la sourde animosité des Italiens contre
toute œuvre de réforme, l'acharnement, pourrais-je
dire, avec lequel ils ont entravé tous les actes d'Ibrahim Pacha.

Mais ces documents ont encore une autre valeur.
Ils sont les mémoires du gouverneur général de la
Tripolitaine en fonction avant la guerre.

Ces Mémoires sont sincères. Ils émanent d'un
cœur noble et d'un patriote qui aime son pays. Les
faits qui y sont indiqués sont exacts. J'ai vu une partie des réformes signalées pendant mon séjour en
Tripolitaine.

Je reçois ces documents, mon manuscrit étant déjà
terminé. Ils confirment les observations faites pendant mon voyage. Il sera facile de constater que les
idées qui y sont émises concordent avec celles con-
tenues dans mon récit. Il n'y a aucune contradiction.
Et c'est là le point capital, car c'est une preuve de
sincérité.

Je donne tout d'abord une courte biographie de
l'ancien gouverneur de la Tripolitaine.

Le maréchal Ibrahim Pacha.

Le maréchal Ibrahim Pacha est sorti de l'école militaire supérieure. Pendant la guerre Turco-Russe et pendant la guerre Turco-Grecque il était commandant de division et a fait partie de l'état-major. Dans son service il a montré des capacités remarquables. C'est un officier de très grand mérite. Il a en outre fait preuve en plusieurs occasions d'une bravoure admirable.

Il fut ensuite nommé commandant du quatrième corps d'armée à Erzindjan. Il remplissait ces fonctions lorsqu'il fut appelé au milieu de 1910 au plus haut commandement du vilayet de Tripoli. La situation de gouverneur de cette colonie était une marque de haute confiance, car ce pays avait acquis ces dernières années une importance considérable.

Je transcris maintenant les Mémoires. Pour plus de clarté et de compréhension dans l'exposé des faits, je choisis pour la rédaction la forme impersonnelle.

LA SITUATION DE LA TRIPOLITAINE A L'ARRIVÉE DU MARÉCHAL IBRAHIM PACHA

A son arrivée en Tripolitaine Ibrahim Pacha a trouvé le pays en désordre et abandonné. Cette colonie avait été considérée pendant longtemps par les Turcs comme un lieu d'exil, pour les proscrits politiques.

Ibrahim Pacha constata bientôt l'influence dominante prise par les Italiens dans le vilayet. Les Italiens cherchaient à accaparer à leur profit les intérêts économiques au grand détriment des indigènes. Ils regardaient avec jalousie et défiance les étrangers qui débarquaient dans le pays. Les Italiens avaient déclaré une guerre économique à outrance à la province. Ils estimaient avoir des droits privilégiés en Tripolitaine et cherchaient à influencer les agents du gouvernement turc.

LE PROGRAMME DE RÉFORMES D'IBRAHIM PACHA ET LES DIFFICULTÉS AVEC L'ITALIE

Ibrahim Pacha commença alors l'étude des réformes nécessaires en examinant avec la plus scrupuleuse conscience la situation telle qu'elle était. Il dressa des plans qui devaient être rigoureusement suivis et il porta dans ce travail consciencieux tous ses efforts et son ardent patriotisme.

Il chercha tout d'abord à assurer la tranquillité dans la colonie. Il fit régner dans l'administration officielle une discipline sévère. En peu de temps, grâce à un travail acharné et à beaucoup de peine, il mena à bien cet effort colossal.

Il fallait dresser un programme de réformes et développper le pays. La police devait être organisée sur des bases nouvelles. Il fallait donner un nouvel essor à l'instruction, aux travaux publics, au commerce et à l'agriculture ; établir la régularité dans toutes les administrations et maintenir l'ordre public. Le traitement dés fonctionnaires devait être payé sans arriérés et régulièrement. Le service militaire obligatoire devait être imposé aux Berbères.

La loi devait être respectée et comprise des habitants.

Le maréchal Ibrahim avait su gagner en un court laps de temps l'affection et la confiance du peuple, ainsi que des représentants des nations étrangères, à l'exception du consul d'Italie M. Pestaloudja.

Sa méthode d'action était celle qui s'adapte le mieux à un gouvernement constitutionnel. Partout la justice, la discipline, l'ordre devaient régner. Ce programme ne plut pas aux Italiens qui avaient de secrètes ambitions, pour lesquelles cette ligne de conduite était un sérieux empêchement.

Aussi les Italiens n'ont-ils pas tardé à se plaindre en exagérant des incidents futiles et sans importance après avoir dénaturé des faits et répandu dans le public au moyen de la presse des inexactitudes. Ils créèrent des difficultés et cherchèrent à produire des conflits journaliers.

L'ŒUVRE D'IBRAHIM PACHA

1. *Lutte contre la famine.*

Il ne pleut en Tripolitaine que rarement. Pendant ces cinq dernières années il n'est guère tombé d'eau, aussi la sécheresse était générale. Partout les cultures étaient desséchées. Les habitants ne récoltaient plus rien. C'était la misère. La famine régnait. Des milliers d'habitants végétaient torturés par la faim. Beaucoup mouraient.

(Ici le document se termine par cette phrase : « Comme vous savez ce que j'ai fait dans ce domaine je ne vous donnerai pas de détails. »)

(Ibrahim Pacha a établi dans toute la Tripolitaine

la distribution journalière de vivres pour soulager les malheureux. J'ai parlé ailleurs de ces bienfaits et je renvoie le lecteur aux pages 2, 19, 206, 207, 232, 233, où j'ai traité de cet effort admirable. — Note de l'auteur.)

2. *Réforme du corps de police.*

Il n'est pas possible de faire évoluer et progresser un pays où la sûreté et la tranquillité ne règnent pas. Aussi Ibrahim Pacha a porté tous ses efforts sur l'établissement d'un corps de police capable et fonctionnant régulièrement. Auparavant les fonctionnaires n'étaient pas à la hauteur de leur tâche. Il fallait modifier toute une organisation compliquée. Ibrahim Pacha nomma un directeur de police très capable, Assim bey, un commissaire de police et des agents instruits et bien élevés. Des instructions précises furent remises à tous les fonctionnaires qui durent accomplir leur devoir ponctuellement.

3. *Éducation des agents de police.*

Avant l'arrivée de Son Excellence le recrutement des gendarmes était défectueux. On prenait n'importe qui. Il s'en suivait que la police était mal faite. C'était comme si elle n'existait pas. Son Excellence a introduit une discipline sévère. Elle a fondé une école de gendarmerie et a nommé des officiers capables pour la diriger. Les mauvais élèves furent impitoyablement congédiés.

Ibrahim Pacha a augmenté la durée des études pour les agents de la police. Auparavant les élèves n'étaient instruits que pendant quelques mois, ce qui était insuffisant. Une loi fut proclamée portant à 5 ans le temps obligatoire que devaient passer à l'école de gendarmerie les futurs agents.

Beaucoup d'agents qui ne présentaient pas des garanties suffisantes ou les qualités nécessaires pour accomplir leur service furent remplacés par de nouveaux éléments, souvent plus jeunes et qu'il était plus facile d'instruire.

L'administration méthodique était introduite dans la gendarmerie. Chaque agent avait sa tâche spéciale à remplir. Dès lors la sécurité régna partout et chacun put voyager dans le pays sans danger.

4. *La fondation d'une école d'agriculture.*

La sécheresse et l'inertie des habitants étaient les deux causes qui amenaient la famine. Les récoltes étaient minimes, l'agriculture n'était pas développée comme elle aurait pu l'être. Car l'ignorance était générale. Son Excellence chercha à combattre toutes ces causes qui engendraient la misère. Elle voulut introduire dans l'agriculture les méthodes modernes et scientifiques, elle voulut développer cet art qui devait, sinon amener la richesse, du moins atténuer les maux du peuple.

Pour cela il fallait des agriculteurs. Ibrahim Pacha fonda une école d'agriculture à 5 kilomètres de la ville près de Seydi Missri. Cette école comprenait de grands jardins et coûta 4.500 livres turques. On y acceptait des élèves externes et internes. La durée des études était fixée par un programme bien étudié. On fit venir des instruments d'agriculture pour enseigner aux élèves leur maniement et les instruire dans la pratique de cet art. Le profit de cette institution devait en être retiré par le peuple entier.

Mais en dehors de l'agriculture générale on enseignait à l'école les méthodes pratiques de faire l'huile, le fromage. Les élèves étudiaient le jardinage

et la culture des différents arbres. On y enseignait
aussi l'élevage.

Tout ceci avait pour but d'augmenter la richesse
et le commerce de la province. Le bâtiment avait été
construit, les programmes adoptés et l'école inaugurée.

5. *Le développement des voies de communication.*

Avant Ibrahim Pacha on n'avait rien fait pour les
travaux publics. Il n'existait qu'une route d'un kilomètre. On n'avait pas non plus songé à construire
un port dans lequel les bateaux seraient à l'abri des
vagues du large.

Son Excellence avait décidé de construire des
voies d'accès pour l'intérieur. Elle s'est oecupée tout
d'abord d'établir une route jusqu'à Zanzour à 20 kilomètres de Tripoli. Un programme très bien étudié
fut établi. Un plan général fut dressé. Il ne s'agissait rien moins que de construire 600 à 700 kilomètres de route.

Un contrat fut conclu avec un ingénieur français
du nom de Lamauan qui agissait au nom d'un syndicat important. Il devait établir des projets précis
pour relier Tripoli au « Djebel Yeffren » d'une part
et Tripoli à « Haumauz » d'autre part par des routes
bien construites qui rendraient d'inappréciables services. Mais Son Excellence était partie au moment
où les ingénieurs français débarquèrent à Tripoli.
Ainsi ces entreprises restèrent stériles. Son Excellence était absente quand les projets pour la construction du port furent élaborés par un ingénieur
venu de Constantinople. Cet ingénieur était chargé
d'accélérer tous les travaux en cours et de les mener
à bonne fin.

6. *La question des sources et des puits.*

Son Excellence a porté son attention sur les questions complexes des sources et des puits. L'eau n'est-elle pas un élément indispensable à l'entretien de la vie ? Les hommes, les animaux, les arbres, les semences, les céréales en ont besoin pour croître et se développer. La bonne eau est nécessaire pour l'alimentation des habitants, pour entretenir la santé générale de la population. Mais il faut aussi éviter les eaux stagnantes qui sont des foyers de maladies.

Son Excellence a cherché à multiplier les sources, à faire jaillir du sol une eau abondante et pure. La recherche des sources a été poussée très loin et de grands efforts ont été faits dans ce domaine.

Dans ce but Son Excellence a fait venir de Tunisie l'ingénieur en chef des Travaux publics accompagné d'un spécialiste M. Ekli. Elle a conclu des engagements avec cet ingénieur pour préparer et mener à bien d'importants travaux de recherches et d'aménagements de sources.

Une somme de 40.000 francs a été consacrée pour cette affaire. Il s'agissait de découvrir de nouveaux points d'eaux et de construire des digues dans la vallée de « Medjnine ». Il fallait assurer un écoulement au lac de « Tavaurga ».

En outre Tripoli manque de bonne eau. Un projet était à l'étude pour fournir à la ville les eaux des excellentes sources « d'Aïn Zara ».

Un contrat avait été signé avec l'ingénieur, M. Lamauan, pour creuser des puits artésiens dans les domaines de l'école d'agriculture.

Mais Son Excellence quitta Tripoli au moment où

l'ingénieur susnommé allait commencer ces importants travaux.

7. *L'éclairage de Tripoli.*

Ibrahim Pacha avait constaté l'insuffisance de
l'éclairage des rues de Tripoli. Il n'y avait que d'anciennes lampes à pétrole trop rares, et seulement
dans les rues principales. Elles étaient placées au
hasard par décision de la municipalité.

Son Excellence a réformé cette manière de faire.
Elle a partout fait placer de nouvelles lampes con-
formément à un décret spécial. Les principales rues
ont joui alors d'un éclairage suffisant et largement
réparti.

8. *Le développement de l'instruction.*

De grands efforts ont été faits pour développer
l'instruction, la répandre dans tout le pays. Il existait auparavant seulement 26 écoles, ce qui n'est rien
si l'on songe que la Tripolitaine compte plus d'un
million d'habitants. L'instruction était négligée et
les habitants de la province vivaient dans une profonde ignorance.

Cette situation était néfaste. La civilisation ne
pouvait pas pénétrer, le commerce et la richesse
ne se développaient pas.

Malgré l'insuffisance du budget Son Excellence a
réussi à créer 36 nouvelles écoles qui recevaient des
élèves internes et externes.

Elle a décidé de continuer cet effort et d'ouvrir
chaque année de nouvelles écoles dans les principales agglomérations de la province là où cela serait jugé nécessaire.

En plus une école normale était fondée pour instruire les professeurs nécessaires qui iraient porter

au loin le savoir et la science. Cette école recevait des élèves internes.

9. *Les recherches minières en Tripolitaine.*

Son Excellence a appris que la province était riche en gisements miniers. Cette question des mines avait une grande importance car, si les gisements étaient exploitables cela pouvait amener le développement du pays, accroître la richesse générale, donner plus d'intensité au commerce local.

Son Excellence a favorisé tant qu'elle a pu les voyages des étrangers qui possédaient les connaissances minières nécessaires.

Seulement cet effort a fait une impression défavorable sur les Italiens qui jalousaient l'influence des autres nations. Aussi ils ont augmenté l'opposition systématique et ont créé beaucoup de difficultés au maréchal Ibrahim Pacha.

Les Italiens prétendaient avoir des droits de priorité sur les richesses minérales de la colonie et surtout sur la mine de soufre.

Ils cherchaient à empêcher les étrangers de pénétrer dans le pays pour s'approprier les mines sur lesquelles ils prétendaient avoir la préférence.

C'est pour cela qu'ils ont demandé à Constantinople l'autorisation de conduire une expédition scientifique dans l'intérieur du pays. Ils montèrent une mission qui avait pour but la recherche et la découverte de gisements miniers sur un grand territoire. En cette occasion les italiens créèrent à Ibrahim Pacha toutes sortes de difficultés et se plaignirent de Son Excellence.

Le corps minéralogique Italien était occupé à des études minières à la distance de 20 jours de Tripoli, à « Sokna » sur la route du Fezzan, lorsque les Italiens déclarèrent la guerre à la Turquie.

10. *Le développement de l'armée et du sentiment national en Tripolitaine.*

Une des causes qui ont le plus irrité les Italiens contre le maréchal Ibrahim Pacha est la question du recrutement des soldats indigènes.

Le gouvernement turc ne s'était pas encore occupé de cette très importante question dans ce domaine immense d'Afrique qui est sous sa direction depuis plus de quatre siècles. Le gouvernement ottoman avait bien essayé pendant ces deux derniers demi-siècles de généraliser le service militaire dans la province et d'obliger les habitants à servir, mais ces premiers efforts n'avaient pas été couronnés de succès.

Son Excellence a compris la grandeur et l'importance de la tâche qui lui incombait. Elle connaissait le danger que courait la colonie. Diverses peuplades du pays se jalousaient. Des conflits fréquents affaiblissaient l'ensemble du pays. L'unité n'était nulle part. Il fallait rassembler toutes les tribus indépendantes pour pouvoir résister aux attaques et au danger extérieur.

Ibrahim Pacha a alors cherché à unir tous les habitants pour assurer l'avenir. Au bout de peu de temps il a atteint son but.

Son Excellence s'est adressée au sentiment religieux qui unit tous les cœurs de l'Islam. Cette force spirituelle doit être comptée comme la plus grande qui existe en ce monde.

Son Excellence a mis sa confiance dans le courage de tous les musulmans et dans l'élévation de leur esprit.

Ibrahim Pacha a pour ainsi dire préparé l'âme et
le sentiment des soldats. Mais outre cela il a réta-
bli l'ordre et la discipline militaire dans les troupes.
Il fallait relever le sentiment militaire aux yeux de
tous, le faire éclater partout, le glorifier publique-
ment. Il fallait montrer au public un modèle d'ordre
et de discipline et d'un autre côté profiter de toutes
les occasions pour donner des conférences, éveiller
l'affection et le désir pour le service militaire. Les
cœurs et les consciences devaient être imprégnés
d'enthousiasme pour la défense de la Patrie et du
sacrifice pour Elle!

Pour le recrutement des troupes, Son Excellence
a inauguré au mois de février le tirage au sort. Cette
cérémonie a été faite avec une pompe considérable
et dans un fastueux décor en présence de plus de
5o.ooo personnes. Son Excellence a voulu faire une
manifestation imposante pour frapper les esprits.
Elle a fait à la foule énorme qui se rassemblait
pour l'entendre de grands discours patriotiques.
L'enthousiasme a été indescriptible. L'accueil excellent. Des réjouissances ont été prescrites pour le
peuple à la suite de ce résultat merveilleux. La joie
et l'unité entre les habitants étaient consacrées en
ce jour mémorable.

Ibrahim Pacha avait obtenu la pleine réussite de
ses projets. Les attachés officiels étrangers le félici-
tèrent en cette occasion.

Au mois de mai le bateau allemand de touristes *le
Météor*, qui était déjà venu trois fois à Tripoli,
entra dans le port. Des centaines de touristes et
de voyageurs se trouvèrent spectateurs de ces imposantes manifestations et présentèrent à Son Excel-

lence leurs appréciations élogieuses et leurs chaleu-
reuses félicitations.

Le 10 juillet eut lieu la fête nationale ottomane.
Les troupes défilèrent devant le gouvernement militaire. Le spectacle fut imposant. Les divers groupes
et divisions de l'armée, composés pour la moitié
d'indigènes, passèrent devant le département militaire en présence de milliers d'assistants et de tous
les attachés diplomatiques.

Le déploiement des troupes eut lieu dans l'ordre
le plus parfait. Les étrangers admirèrent la tenue
générale correcte et martiale des soldats et des officiers.

Résumé.

Les dix articles précédents mettent en lumière
l'œuvre que le maréchal Ibrahim Pacha a accomplie
en douze mois. L'effort a été considérable. Son
Excellence a employé son activité dans tous les domaines. Elle a cherché dans ce court laps de temps
à arranger toutes les affaires de la colonie, à développer la vitalité de la province.

Ibrahim Pacha a déployé une grande activité pour
faire progresser son pays. Il avait dévoilé au gouvernement de Constantinople les désirs d'occupation des
Italiens. C'est pour cela qu'il fut en butte de la part
de ces derniers à une hostilité constante.

Les Italiens se plaignirent du gouverneur. Ils
créèrent de rien des questions compliquées et cherchèrent à amener un conflit. Les accusations contre
Ibrahim Pacha furent fréquentes parce qu'il était
par son énergie et ses hautes capacités un puissant

obstacle au développement de l'influence italienne en Tripolitaine.

Sur ces entrefaites survint le conflit franco-alle-mand. L'équilibre méditerranéen était rompu. La question de « Fez » était un prétexte pour la campagne de Tripoli. Le moment était propice, le prétexte trouvé. Mais il fallait éloigner Ibrahim Pacha de Tripoli pour priver cette colonie d'un gouverneur dévoué.

Les Italiens ont alors réussi à faire exécuter leurs désirs au grand vizir « Hakki Pacha » qui avait jadis été à l'ambassade de Rome.

Le gouvernement ottoman rappela alors Ibrahim Pacha à Constantinople au moment de la crise aiguë. La Tripolitaine fut ainsi privée d'un chef adoré de la population et qui aurait pu servir utilement son pays dans ce moment critique.

D'après les documents originaux fournis par Son Excellence le maréchal Ibrahim Pacha, ancien gouverneur de la Tripolitaine.

FIN

TABLE DES GRAVURES

		Pages.
Planche I.	— Portrait de l'auteur.	4
— II.	— Tripoli. — Sur les toits : le château du Pacha, la tour de l'Horloge, les minarets.	16
	Rhar. — Le fondouk	16
— III.	— Tripoli. — Le départ de la Mission pour Ghadamès	24
— IV.	— Nous traversons les belles palmeraies de l'Ymaya et de Dgedgdaïn	30
	A l'approche de la nuit les tentes sont montées sur le sol aride	30
— V.	— Le Bled	32
	Nous suivons au Nord la haute falaise du Djebel Nefousa.	32
— VI.	— Le puits de Barka	36
	Le campement de Dgdeïda	36
— VII.	— Les ruines de Tiji-Aïn-Ghesbah	38
	La mission dans le bled tripolitain	38
— VIII.	— En route vers Nalout	40
	Le débouché de l'Oued Bou-el-Hassa dans la plaine	40
— IX.	— Vue générale du plateau de Nalout	44
	Nalout, la capitale du Djebel occidental	44
— X.	— Escalade de la falaise du Djebel Nalout	46
	Une mouquère, chargée de sa gherba, revient du puits	46
— XI.	— Un passage difficile près de Nalout	52
	Village troglodytique de Hassian	52
— XII.	— La mission en marche dans l'oued Lourzout	58
	Bir Zar. — Le puits turc	58

Pages.

PLANCHE XIII. — Bir Zar. — A la frontière tunisienne . 66
Campement de Bédouins. 66

XIV. — Vue générale des oasis de Châoua . . 82
La colline de Kasser el-Tyn dans les
environs de Châoua. 82

XV. — Du haut de l'El-Gara la vue s'étend sur
le village et la Sebkha de Châoua. . 100
Les palmeraies de Châoua sont situées
au pied de l'El-Gara. 100

XVI. — Les « Portes de sable » 118
La Sebkha de Mzézem 118

XVII. — Mahmoud Faousi, Kaïmakan de Ghadamès. A gauche : sur son méhari ; à
droite : devant sa maison. 130

XVIII. — Ghadamès : Les « Idoles » et l'ancienne
enceinte de l'oasis 136
Ghadamès : Le quartier du Ksar au sud
de l'oasis. 136

XIX. — Ghadamès : Une rue à ciel ouvert dans
le quartier des Beni Oualid 142
Un puits dans la Hamâda 142

XX. — Ghadamès : Sur la terrasse de notre maison dans le quartier des Beni Oualid. 150
Ghadamès : La limite des jardins dans
la partie sud-ouest de l'oasis . . . 150

XXI. — Le bord du Djebel est échancré par des
vallées profondes et ramifiées . . . 162
Un puits dans le Djebel Nalout . . . 162

XXII. — Razaya : Les palmeraies. 166
Razaya. La maison souterraine d'Hamed Madouk 166

XXIII. — Au Ksar Razaya : Vue sur la plaine ;
à droite : Hamed Madouk 170
Razya : La falaise du Djebel Nalout. . 170

XXIV. — La vallée de Tirhit. 176
Tirhit. 176

XXV. — Les mouquères au bord du puits de
Tirhit 178
Zaptié gardant le campement de la
Mission 178

XXVI. — Les habitations du village de Hohammed se confondent avec le rocher . 180
Le village de Kabao et notre campement 180

XXVII. — L'oued Serous 182

Pages.

Le village de Tinzeret.   182
Planche XXVIII. — Bedern : Le campement de la mission   184
Le Djebel Bedern vu de la plaine   184
—   XXIX. — Diouche. La source.   188
Le Kaïmakan de Diouche nous accom-
pagne pendant plusieurs heures   188
—   XXX. — Chekchouk. Le château des Roumis.   192
Vues du haut de la falaise les oasis de
Chekchouk et de Massida apparaissent
dans la plaine comme des taches
sombres   192
—   XXXI. — Dépècement d'une chèvre   200
Dromadaires à l'abreuvoir   200
—   XXXII. — Le Ksar Yeffren : Exercice des recrues
berbères.   208
Le bord de la falaise   208
—   XXXIII. — Le Ksar Gharian.   214
Au fond d'une maison troglodyte de
Gharian   214
—   XXXIV. — Le Djebel Gharian.   218
Azisie.   218
—   XXXV. — Oasis de Sanyt Béniadem : le puits   222
—   —   : le réservoir   222
—   XXXVI. — La région des dunes entre Sanyt Bénia-
dem et Tripoli.   224
Arrivée de la caravane dans l'oasis de
Tripoli   224
—   XXXVII. — Retour de la mission Bernet à Tripoli
le 27 juillet 1911   226
—   XXXVIII. — Son Excellence le Maréchal Ibrahim
Pacha, gouverneur de la Tripolitaine
au moment de la déclaration de la
guerre entre la Turquie et l'Italie.   238
Carte-Itinéraire de la mission Bernet en Tripolitaine.

TABLE DES MATIÈRES

Pages.

Préface de M. Duparc, professeur à l'Université de Genève VII

Introduction de l'auteur 1

CHAPITRE PREMIER

Malte et Tripoli. — De Paris à Tripoli. — Malte. — La Valette. — Le port. — Population. — Tripoli. — L'arrivée. — Tripoli vu de la mer. — Débarquement mouvementé. — La douane. — Formalités. — Les hôtels. — Première impression. — Hôtel Minerva. — Les Souks. — Place de la Tour-de-l'Horloge. — Les cafés. — Cercle militaire. — Cinématographe. — Nouveaux quartiers. — Minoterie. — Village nègre. — Le vieux Tripoli. — Aventure nocturne. — Une soirée au théâtre grec. — Ears arabes. — Les étrangers à Tripoli. — Les consulats. — Le consul impérial d'Allemagne. — Visite au Valy. — Le maréchal Ibrahim Pacha. — Son œuvre et sa popularité. — Chez Ahmed Hamdi commandant de la gendarmerie. — Propreté et sécurité de la ville. — La police indigène. — Achat de chameaux. — Au fondouk . . . 5

CHAPITRE II

Les oasis de la côte et le bled tripolitain. Naïout. — Rassemblement de la caravane devant le consulat. — Charge

Pages

des chameaux. — Les Zaptiés. — Le Chaouch. — Le départ. — Le long de la côte. — Zanzour. — Les puits. — Les jardins. — L'industrie du vin de palme. — La récolte du vin de palme en Tripolitaine. — Le vin de palme dans les régions équatoriales. — Route en construction. — Le fondouk de Rhar. — Le marchand arabe. — Chiens kabyles. — L'oasis d'El Zaoïa. — Le village. — Le cimetière berbère. — Campement. — Bir Turkey. — Cavaliers turcs. — Le brigand. — Mentalité orientale. — Ouragan de sable. — Le puits de Dgdeida. — Sur les chameaux. — Puits de Barka. — Égaré dans le bled. — La source de Dgdeida. — Repas en retard. — La falaise du Djebel Fassato. — L'oasis de Tiji-Aïn Ghesbah. — Les ruines. — La chambre des squelettes. — Campement de Salat-Bou-El-Hassa. — Escalade de la falaise. — Le dernier refuge des révoltés. — La source de Nalout. — Bien gardé. - Arrivée à Nalout. — Le docteur Raffet. — Promenade. — Porteuse d'eau. — Le puits. — Le ksar berbère. — Maison troglodyte. — Le siège du gouvernement. — Postes et télégraphes. — Le vent. — Déménagement   24

CHAPITRE III

A la frontière tunisienne. — Départ de Nalout. — Le guide Daou. — Passage difficile. — Village troglodyte d'Hassian. — L'oued Lourzout. — Chasse à la gazelle. — Bir-Zar. — Le puits. — L'eau. — A la frontière. — Territoire interdit. — Frontière bien gardée. — Territoire contesté. — Les travaux de la commission mixte. — Incidents de frontière. — Topographie. — Le simoun. — Tempête de sable. — Le chaouch perdu dans le désert. — Égaré. — Flair des chevaux berbères. — Chez les Bédouins. - Types berbères. - Les pâturages. — Coutumes des Bédouins. — Le repas. — Ames chevaleresques des Bédouins. — Nobles sentiments des peuples primitifs. — Hospitalité berbère. — Chute de chameau. — L'oued Girgir.   48

CHAPITRE IV

Pages.

Les oasis de Sindoum et de Châoua. — Arrivée à Sindoum.
Le cheik. — Hôtes encombrants. — Le réveil. — Chez
le directeur des Postes et Télégraphes. — Le télégraphe
en Tripolitaine. — Imagination orientale. — La vie du
Moudir. — Exil des fonctionnaires. — Le médecin-major
en mission. — L'oasis de Châoua. — Administration. —
Propagation des nouvelles dans le désert. — Le brigadier. — Les jardins. — Les sables envahisseurs. — Diminution du nombre des jardins et de la population. —
Irrigation des palmeraies. — Sources et puits. — Palmeraies enfouies sous les sables. — La vieille tour. —
Paysage de mort. — La race indigène. — Son attrait
sympathique. — Sur les terrasses. — Le conte de la
gazelle. — Le nègre. — Un esclave volontaire. — Sur
l'El-Gara. — Combat de frontière. — Les fours à plâtre.
— Visite imprévue et agréable. — Arrivée de la caravane. — Discussions. — Rivalité de nos zaptiés. . . .   69

CHAPITRE V

Dans la Hamâda. — Départ de Châoua. — Le marquis de
Morès. — La rencontre du major. — Désert pierreux.
— Les sangsués. — Monotonie. — Caravanes dans la
Hamâda. — Passage difficile. — Les portes de sable. —
Marche pénible. — La Sebkha de Mzézem. — Le mi-
rage. — La palmeraie de Mzézem. — Terreur du chaouch.
— Émanations empoisonnées. — Cadavres. — La source.
— Le bordg sépulcral. — La garnison anéantie. — Le
sel. — L'eau. — Le lac. — Au nord de la Sebkha. —
Pas d'ombre. — Départ de Mzézem. — Traversée de la
Sebkha. — De nouveau dans le désert pierreux. — Le
cyclone. — Le courrier. — En vue de Ghadamès . . .   106

CHAPITRE VI

Pages

Ghadamès. — Chez le gouverneur. — Chambre de fonctionnaire. — Une vaste maison nous est fournie par le gouvernement. — Réception du Kaïmakan Mahmoud Faousi. — Accueil amical. — Le mystère de Ghadamès. — Situation de l'oasis. — Etape importante. — Promenades dans la ville. — Rues couvertes. — Carrefours. — Amabilité des Ghadamésiens. — La nouvelle ville. — L'art. — Camp targui. — Les idoles. — Ruines. — Le bassin d'Arhechchouf. — Eau thermale. — Bains. — Source froide. — Sol de Ghadamès. — Les jardins. — Les cultures. — Le trafic du Soudan. — Les caravanes. — Les marchands arabes. — Diminution du transit. — Sa cause. — La chute de Ghadamès. — Industrie. — Les cuirs. — Les armes. — Les habitants. — Les Berbères. — Les Touareg. — Camp des Touareg. — La population nègre. — Sa transformation intellectuelle. — Son mélange avec les Berbères. — La langue. — Fanatisme. — La population turque. — L'élément militaire. — Les fonctionnaires civils. — La frontière de Ghadamès. — Isolement et tristesse de Ghadamès. — Les marabouts. — Sur le toit de notre maison. — Les mosquées. — Simplicité des fonctionnaires. — Leur obéissance. — La monnaie. — Le marché. — Avenir de Ghadamès.   . .   129

CHAPITRE VII

Retour à Nalout. — Préparatifs. — Visite d'adieu. — Départ mouvementé. — Nuits d'étapes. — Traversée de la Sebkha de Mzézem. — Fatigues. — Un chameau est abandonné. — Marches fatigantes. — Le siroco. — Journées pénibles. — Égarés dans les sables. — Nuit d'anxiété. — Petits oiseaux. — Deuxième chameau abandonné. — Au Bir Zouzam. — Le mariage de Mustapha. — Vers le Djebel. — Traversée de l'oued. — Arrivée à Nalout. — Les officiers. — Au Ksar. — De nouveau dans notre ancienne demeure.   154

CHAPITRE VIII

Le Djebel Nalout. — La grande falaise. — Son importance
stratégique. — En route vers l'ouest. — Razaya. — Le village. — Le Ksar. — Excursions. — Jalousie des Berbères.
— Déhibat — Lois frontières. — Ancien village. — Hamed Madouk. — Sa vie et ses espérances. — Caractère
passionné et violent des Berbères. — Leurs qualités. —
Leurs défauts. — Une femme mourant de faim m'offre
l'hospitalité. — En route vers l'Est. — Le bourg de Tirhit.
— Maisons invisibles. — Les jardins superposés. — Au
bord du puits. — Les recrues de Tirhit. — Mentalité des
soldats berbères. — Le village de Hohammed. — Le
Ksar en ruine. — En route pour Kabao. — A travers
les oueds du bord de la falaise. — Pénible étape. —
L'oued Serous. — Les villages des hauts plateaux. —
Le Djebel Bedern.   165

CHAPITRE IX

Le Djebel Fassato. — La palmeraie de Diouche. — Réception du Kaïmakan. — La source. — La cavalerie turque.
— Les chevaux berbères. — La pente anormale des
oueds. — L'affaissement du pays au Sud. — Les grands
mouvements de bascule. — Généralité du phénomène. —
Elévation du plateau de l'Ouest vers l'Est. — L'oasis de
Chekchouk. — Le château des Roumis. — L'échancrure
de Fassato. — Le porteur de legbi. — Le village de Mezrour. — A Génaoun. — Imagination berbère. — Soupçons. — Malentendus. — Djâdo. — Au bar. — Le Kaïmakan
de Fassato. — Les autorités. — Le médecin. — Le pharmacien. — Le climat sec du Djebel. — Malpropreté des
habitants. — Sa cause. — Sur les hauts plateaux. —
Forêts d'oliviers. — Les villages. — Ryana   186

CHAPITRE X

Le Djebel Yeffren. — Les ruines romaines de Ryana. —
Le Ksar Zerzour. — Le bord du plateau. — Les oueds.
— L'oued Besas. — Yeffren. — La ville. — Le commis-

Pages.

saire de police Mouri Effendi. — Le montéçarref. — Les
fonctionnaires du gouvernement. — Leur honnêteté. —
Réception du montéçarref sous l'olivier. — Le désastre.
— Terrible ouragan. — A la prison. — La sécheresse.
— La famine. — Distribution des vivres. — L'œuvre
d'Ibrahim Pacha. — Des milliers d'hommes sauvés par
lui. — Le geste de donner. — Le petit Mofeta. — Le Ksar.
— Instruction des recrues. — Rapports amicaux entre
officiers et soldats. — Position militaire de Yeffren. —
Le plan turc contre l'invasion italienne. — Forteresse
naturelle infranchissable. — Concentration des troupes
berbères sur les hauts plateaux. — Résistance facile. —
Dîner chez le moudir de la Régie. — L'histoire de la
source de Yeffren.   198

CHAPITRE XI

Le Djebel Gharian et retour à Tripoli. — La fertilité des
hauts plateaux. — Ruines romaines. — Souadan. —
Moustiques et fièvres. — Kikela. — Descente dans
l'oued. — Troupeaux. — Campement de nomades,
— Bains. — Le scorpion. — Le marabout. — Le Djebel
Monterous et le Djebel Tracet. — Formations éruptives.
— Arrivée au Ksar Gharian. — Les maisons troglodytes.
— Le café arabe. — Bagarre. — Structure générale de
la Tripolitaine. — Les grands effondrements. — Les
jardins. — Les vieilles femmes. — Le contrôleur forestier. — Borylane. — En route vers Tripoli. — Les
champs d'orge. — Asysie. — La palmeraie de Sanyt
Beniadem. — Caravanes d'alfa. — Dernier campement.
— Dans les dunes. — Influence de la mer sur l'atmosphère. — La mer en vue !   214

CONCLUSIONS

Généralités sur le pays. — Le commerce. — L'exportation.
— L'importation. — La population. — Cultures. — Les
puits. — Recherche des sources. — Administration du
vilayet. — Le soulagement de la misère. — L'Italie cherche un incident. — Sentiment anti-italien des Berbères.

Pages.

— Son origine. — La pénétration de l'intérieur de la
Tripolitaine par les Italiens. — La Tripolitaine aurait-
elle pu se développer sous le joug turc ? — Lourde tâche
pour l'Italie si elle occupe le pays. — Résistance des
Turcs et des Berbères.   228

APPENDICE

*Mémoires du Maréchal Ibrahim Pacha, ancien gouverneur,
sur son œuvre en Tripolitaine avant la guerre 1910-1911.* —
Introduction de l'auteur. — Le maréchal Ibrahim Pacha.
— Biographie. — Les mémoires. — La situation de la
Tripolitaine à l'arrivée du maréchal Ibrahim Pacha. —
Le programme des réformes et les difficultés avec
l'Italie. — L'œuvre d'Ibrahim Pacha : 1) Lutte contre la
famine ; 2) La réforme du corps de police ; 3) L'éducation des agents de police ; 4) La fondation d'une école
d'agriculture ; 5) Le développement des voies de communication ; 6) La question des sources et des puits ;
7) L'éclairage de Tripoli ; 8) Le développement de
l'instruction ; 9) Les recherches minières en Tripolitaine ; 10) Le développement de l'armée et du sentiment national. — Résumé.   239

TABLE DES GRAVURES   255

TABLE DES MATIÈRES   259